KB211451

전광훈 목사 설교 시리즈 Light 02

오대 제사

전광훈 목사 설교 시리즈 Light 02

오대 제사

JUN KWANG HOON

전광훈 지음

NEWPURITAN PUBLISHING

들어가는 말

/

    하나님은 인간이 선악과를 따 먹은 이후, 만남의 장소를 제단으로 정하셨습니다. 그래서 하나님과의 관계를 회복하기를 원하는 사람은 누구든지 제단의 원리를 바로 알아야 합니다. 제단의 핵심 원리는 십자가이고, 십자가를 확대 설명한 것이 바로 오대 제사(번제, 소제, 화목제, 속죄제, 속건제)입니다. 예수 그리스도는 십자가 사건에서 구약성경의 오대 제사를 단 번에 이루셨습니다. 이제는 십자가에서 이루어진 오대 제사가 우리의 심령 속에도 동일하게 임해야 합니다. 교회를 다니는 것, 집에서 밥을 먹는 것, 회사에서 일을 하는 것, 사람들과 대화를 하는 것, 자녀를 양육하는 것 등 우리의 모든 삶이 제사에서 제사로 연결되어야 합니다. 오대 제사가 임하지 않은 사람은 하루 종일 죽기 살기로 일을 하고, 설교를 하고, 심방을 다녀도, 삶이 하나님께 열납되지 않습니다. 반면에 오대 제사 안으로 들어간 사람은 특별하게 하는 것이 없어도 매일의 삶 자체가 하나님께 열납됩니다. 그뿐만 아니라, 인간에게 가장 큰 축복인 창조주 하나님과의 관계가 회복됩니다. 앞으로 바울 서신을 근거한 오대 제사의 복음적 의미를 배워나갈 때, 여러분에게 임할 하나님의 놀라운 축복을 기대하시기를 바랍니다.

전광훈 목사 드림

목차

01

/

오대 제사

레위기 1장 1-13절

¹여호와께서 회막에서 모세를 부르시고 그에게 일러 가라사되 ²이스라엘 자손에게 고하여 이르라 너희 중에 누구든지 여호와께 예물을 드리려거든 생축 중에서 소나 양으로 예물을 드릴찌니라 ³그 예물이 소의 번제이면 흠 없는 수컷으로 회막 문에서 여호와 앞에 열납하시도록 드릴찌니라 ⁴그가 번제물의 머리에 안수할찌니 그리하면 열납되어 그를 위하여 속죄가 될 것이라 ⁵그는 여호와 앞에서 그 수송아지를 잡을 것이요 아론의 자손 제사장들은 그 피를 가져다가 회막 문앞단 사면에 뿌릴 것이며 ⁶그는 또 그 번제 희생의 가죽을 벗기고 각을 뜰 것이요 ⁷제사장 아론의 자손들은 단 위에 불을 두고 불 위에 나무를 벌여 놓고 ⁸아론의 자손 제사장들은 그 뜬 각과 머리와 기름을 단 윗 불 위에 있는 나무에 벌여 놓을 것이며 ⁹그 내장과 정갱이를 물로 씻을 것이요 제사장은 그 전부를 단 위에 불살라 번제를 삼을찌니 이는 화제라 여호와께 향기로운 냄새니라 ¹⁰만일 그 예물이 떼의 양이나 염소의 번제이

면 흠 없는 수컷으로 드릴찌니 [11]그가 단 북편에서 여호와 앞에서 잡을 것이요 아론의 자손 제사장들은 그 피를 단 사면에 뿌릴 것이며 [12]그는 그것의 각을 뜨고 그 머리와 그 기름을 베어 낼 것이요 제사장은 그것을 다 단 윗 불 위에 있는 나무에 벌여 놓을 것이며 [13]그 내장과 정갱이를 물로 씻을 것이요 제사장은 그 전부를 가져다가 단 위에 불살라 번제를 삼을찌니 이는 화제라 여호와께 향기로운 냄새니라

모든 성경은 그 책마다 기록된 목적이 있고, 주제가 있습니다. 창세기, 출애굽기, 레위기, 민수기 등 모든 성경이 그렇습니다. 사무엘상의 주제는 3가지 직분을 설명하기 위한 성경이라고 생각하면 됩니다. 첫 번째는 **"선지자"**입니다. 선지자는 어떻게 해야 성공하고, 어떻게 하면 실패하는 것인가? 두 번째는 **"제사장"**입니다. 어떤 제사장이 성공하는 제사장이고, 어떻게 하면 실패하는 제사장인가? 세 번째는 **"왕"**입니다. 어떤 왕이 성공하는 왕이고, 어떤 왕이 실패하는 왕인가? 이것이 비교되어서 나타난 겁니다. 할렐루야.

사무엘상에 처음 나오는 사람이 엘리 제사장입니다. 엘리 제사장은 실패한 제사장입니다. 반대로 그 밑에서 자라났지만, 한나의 기도로 말미암아 세움을 받은 사람이 사무엘입니다. 사무엘과 엘리는 극과 극입니다. 우리는 사무엘 반열에 서야 됩니다. 엘리 제사장은 제사장이지만, 실패한 제사장입니다. 성경에 실패한 대표적 제사장 중의 하나가 엘리 제사장입니다.

제사장은 뭐 하는 겁니까? 제사장은 제사를 집행하는 자입니다. 그러니까 제사장은 제사에 성공해야 됩니다. 신약 시대는 그것이 예배로 바뀐 겁니다. 그래서 모든 성도들이 예배가 살아야되는 겁니다. 예배에 성공합시다. 제사장은 하나님에게 드리는제사를 총책임 맡아서 집행하는 자입니다. 성경을 보면 레위기,출애굽기, 창세기에 가인과 아벨의 제사 등 제사들이 수도 없이나타나 있습니다. 이 모든 제사를 집행하는 것이 바로 제사장의역할입니다. 제사장으로 성공하려면 제사를 잘 드려야 합니다.구약 시대의 제사장은 레위 지파에 선택된 사람들만 하는 것이었지만, 신약 시대인 지금은 만인제사장으로 우리 모두가 왕 같은제사장입니다. 여러분 각자가 모두 제사장이고, 선지자이며, 왕입니다. 제사장이 하는 제사는 구약성경에 보면, 크게 5가지 제사입니다. 오대 제사입니다.

하나님께서 주신 5가지 제사

오대 제사에 대해서 알아봅시다. 첫 번째 제사는 "**번제**"입니다.두 번째 제사는 "**소제**"입니다. 세 번째 제사는 "**화목제**"입니다. 네번째 제사는 "**속죄제**"입니다. 그리고 마지막 제사는 "**속건제**"입니다. 이 다섯 가지 제사는 모두 특징이 있습니다. 이것이 우리의심령 속에서 일어나야 됩니다. 구약 시대에는 양을 가지고 5가지제사를 하나님에게 드렸지만, 신약 시대인 지금은 양이 아니라우리의 모든 것들로 하나님에게 예배를 드리는 것입니다. 구약은 신약의 그림자요 예표입니다. 우리 속에 일어나는 하나님의 영적 현상을 구약은 제사로 표현한 겁니다. 그러니까 우리가 드리는 예배 가운데 우리의 심령 속에서 5가지 제사가 일어나야 됩니다.

하나님께서 천지를 창조하신 이후에 에덴동산에서 인간이 선악과를 따먹고 타락했습니다. 하나님의 품을 떠나서 하나님과 분리되었습니다. 하나님의 품을 떠나 분리된 인간들을 향하여 하나님이 하신 말씀이 있습니다. "타락한 인간들이 나를 만나려면" 하나님이 정하신 장소가 하나밖에 없습니다. "나를 만나려면 제단으로 오라." 하나님께서 그렇게 말씀하셨습니다. **"제단으로 오라."** 하나님은 제단 외에는 만나주지 않겠다는 겁니다. 하나님을 만나려면, 우리는 제단으로 갈 수밖에 없습니다. 그래서 아벨의 제단도 그렇고, 노아의 제단도 그렇고, 타락한 이후에 하나님이 사람을 만나는 장소는 제단밖에 없었습니다. **"제단으로 오라."** 그러니까 우리들도 하나님을 만나려면 제단으로 가야 됩니다. 이 제단은 바로 십자가의 제단입니다.

"십자가의 제단." 예수 그리스도의 십자가의 제단이란 말입니다. 이 제단은 3대 요소가 있습니다. 첫 번째가 '제사장'입니다. 제단에는 제사를 드리는 제사장이 항상 있어야 합니다. 두 번째는 '제물'입니다. 그리고 마지막으로 제사를 드리는 '제단'이 있습니다. 이 제단은 하나님이 타락한 인간과 만나는 장소를 약속한 제단입니다. 이 제단은 곧 무엇을 말하는가? 바로 예수 그리스도의 십자가의 사건을 말합니다.

창세기 3장을 보면, 아담과 하와가 선악과를 따먹고 무화과 나뭇잎을 엮어 치마를 만들어 수치를 가리고 있을 때 하나님은 그들에게 가죽옷을 가지고 찾아오십니다. 동물의 죽음이 전제된 가죽옷은 '제단'을 상징합니다. 하나님은 타락한 인간을 향하여 '나를 만나려거든 제단으로 오라'라고 말씀하신 겁니다. 제단이 아닌 곳에서는 하나님이 타락한 인간을 만나지 않으실 뿐더러, 타락한 인간은 하나님의 영광과 거룩함 앞에 설 수가 없기 때문입니다.

타락한 인간은 양의 죽음이 전제된 가죽옷을 통해 하나님을 다시 만날 수 있게 되었습니다(창 3:21). 이 죽은 양이 바로 예수 그리스도입니다. 하나님은 타락한 인간을 향하여 '나를 만나려거든 예수 그리스도의 십자가 제단으로 오라'라고 말씀하시는 것입니다. 타락한 인간이 하나님께로 다시 나아갈 수 있는 길은 오직 예수 그리스도밖에 없습니다. 오직 예수님만이 우리의 길과 진리와 생명이 되십니다(요 14:6). 그러므로 우리는 날마다 예수를 꼭 붙잡아야 합니다.

예수님은 십자가에서 못 박혀 죽으시므로 예수님의 십자가 사건에 단번에 5가지 제사를 다 이루신 겁니다. 5대 제사가 예수 그리스도의 십자가 사건에 다 들어 있습니다.

레위기 1장 1-13절을 읽겠습니다.

"여호와께서 회막에서 모세를 부르시고 그에게 일러 가라사되 이스라엘 자손에게 고하여 이르라 너희 중에 누구든지 여호와께 예물을 드리려거든 생축 중에서 소나 양으로 예물을 드릴찌니라 그 예물이 소의 번제이면 흠 없는 수컷으로 회막 문에서 여호와 앞에 열납하시도록 드릴찌니라 그가 번제물의 머리에 안수할찌니 그리하면 열납되어 그를 위하여 속죄가 될 것이라 그는 여호와 앞에서 그 수송아지를 잡을 것이요 아론의 자손 제사장들은 그 피를 가져다가 회막 문앞단 사면에 뿌릴 것이며 그는 또 그 번제 희생의 가죽을 벗기고 각을 뜰 것이요 제사장 아론의 자손들은 단 위에 불을 두고 불 위에 나무를 벌여 놓고 아론의 자손 제사장들은 그 뜬 각과 머리와 기름을 단 윗 불 위에 있는 나무에 벌여 놓을 것이며 그 내장과 정갱이를 물로 씻을 것이요 제사장은 그 전부를 단 위에 불살라 번제를 삼을찌니 이는 화제라 여호와께 향기로운 냄새니라 만일 그 예물이 떼의 양이나 염소의 번제이면 흠 없는 수컷으로 드릴찌니 그가 단 북편에서 여호와 앞에서 잡을 것이요 아론의 자손 제사장들은 그 피를 단 사면에 뿌릴 것이며 그는 그것의 각을 뜨고 그 머리와 그 기름을 베어 낼 것이요 제사장은 그것을 다 단 윗 불 위에 있는 나무에 벌여 놓을 것이며 그 내장과 정갱이를 물로 씻을 것이요 제사장은 그 전부를 가져다가 단 위에 불살라 번제를 삼을찌니 이는 화제라 여호와께 향기로운 냄새니라"(레 1:1-13).

위에서 이야기한 게 바로 번제입니다. 1장에 나탄 것이 바로 번제입니다. 레위기 2장 1-3절을 읽어봅시다.

"누구든지 소제의 예물을 여호와께 드리려거든 고운 가루로 예물을 삼아 그 위에 기름을 붓고 또 그 위에 유향을 놓아 아론의 자손 제사장들에게로 가져 올 것이요 제사장은 그 고운 기름 가루 한 줌과 그 모든 유향을 취하여 기념물로 단 위에 불사를찌니 이는 화제라 여호와께 향기로운 냄새니라 그 소제물의 남은 것은 아론과 그 자손에게 돌릴찌니 이는 여호와의 화제 중에 지극히 거룩한 것이니라"(레 2:1-3).

이게 바로 소제입니다. 레위기 3장으로 넘어가 봅시다.

"사람이 만일 화목제의 희생을 예물로 드리되 소로 드리려거든 수컷이나 암컷이나 흠 없는 것으로 여호와 앞에 드릴찌니 그 예물의 머리에 안수하고 회막 문에서 잡을 것이요 아론의 자손 제사장들은 그 피를 제단 사면에 뿌릴 것이며"(레 3:1-2).

이게 바로 화목제입니다. 레위기 4장에는 속죄제를 설명합니다.

"여호와께서 모세에게 일러 가라사대 이스라엘 자손에게 고하여 이르라 누구든지 여호와의 금령중 하나라도 그릇 범하였으되 만일 기름부음을 받은 제사장이 범죄하여 백성으로 죄얼을 입게 하였으면 그 범한 죄를 인하여 흠 없는 수송아지로 속죄 제물을 삼아 여호와께 드릴찌니"(레 4:1-3).

그리고 마지막으로 레위기 5장입니다.

"누구든지 증인이 되어 맹세시키는 소리를 듣고도 그 본 일이나 아는 일을 진술치 아니하면 죄가 있나니 그 허물이 그에게로 돌아갈 것이요 누구든지 부정한 들짐승의 사체나 부정한 가축의 사체나 부정한 곤충의 사체들 무릇 부정한 것을 만졌으면 부지중이라 할지라도 그 몸이 더러워져서 허물이 있을 것이요"(레 5:1-2).

이건 '속건제'입니다. 이렇게 5가지 제사를 제사장이 집행했는데, 5가지 제사가 결국은 예수 그리스도를 나타냅니다. 예수님께서 십자가상에서 단번에 이 5가지 제사를 이루셨습니다. 한 번에 5가지 제사를 다 이루었는데, 이 5가지 제사가 우리의 심령에 밀려와야 합니다. 그렇게 될 때, 사무엘처럼 성공하는 제사장이 될 수 있습니다. 우리 심령 속에서 이 5가지 제사가 일어나지 아니하면 우리는 무늬만 제사장이었던 엘리 제사장이 되어버립니다. **"사무엘이 됩시다."** 하나님과의 관계를 바로 맺으려면 5대 제사로 바로 서야 됩니다. 5대 제사로 바로 서면 하나님과의 올바른 관계가 맺어진단 말입니다. 믿습니까? 할렐루야.

5가지 제사 중에서 하나라도 무너지면, 그때부터는 우리의 심령의 제단이 무너집니다. 그러면 하나님과의 관계가 불편해집니다. 제단이 무너져 하나님과의 관계가 불편해지면, 우리 심정이 무너지고 그때부터 찬송의 힘이 없습니다. 그때부터 기도에 힘이 없습니다. 그때부터 마귀가 틈을 타서 우리를 잡는 겁니다. 마귀는 이 제사가 무너진 사람을 밥으로 삼는 겁니다. 이 5대 제사가 바로 서 있는 사람은 아무리 마귀가 힘이 세도 손대지 못합니다. 그러니까 우리가 오늘 마귀를 쫓을 일이 아니라 5대 제사 위에 바로 서면 어둠은 물러가는 겁니다.

하나님의 4가지 반응

성경을 보면, 제사가 성공되는 곳에는 모든 제단에 **"검의 역사"**가 일어납니다. 검의 역사는 다른 말로 **"피의 역사"**입니다. 그리고 두 번째는 **"불의 역사"**입니다. '나는 기도해도 왜 불이 일어나지 않는가?' 제사가 실패되기 때문에 그런 겁니다. 제사가 바로 서있는 사람은 불이 일어납니다. 찬송 불러도, 기도해도, 전도해도 불이 일어납니다. **"불은 능력입니다."** 우리 모든 성도들에게 성령의 불이 세게 역사하기를 바랍니다. 제사가 성공되는 곳에는 불의 역사가 뒤따른단 말입니다. 말씀을 증거해도 불이 나타납니다. 그래서 불의 역사에는 생기와 능력, 그리고 힘이 일어납니다.

성령의 불이 나타나면, 그 다음에는 **"향기의 역사"**입니다. 향기로운 냄새가 난단 말입니다. 심령 안에 5가지 제사가 살아나는 사람에게는 아주 아름다운 냄새가 납니다. 사도 바울이 **"너희는 그리스도의 향기"**라고 말했습니다. 그 사람 이름만 불러도 향기가 난단 말입니다. 향기가 진동한단 말입니다. 그 다음은 **"열납"**입니다. 이 열납은 **연기**라는 말입니다. 하나님에게 제사를 드리는 연기가 납니다. 이게 바로 열납이 된다는 겁니다. 하나님이 받으신다는 겁니다. 열납이 되면 응답된다는 겁니다. 하나님이 화답한다는 겁니다. 하나님으로부터 반응이 일어난다는 겁니다. 이렇게 제사가 성공되는 곳에는 **"검, 불, 향기, 연기,"** 4가지가 나타납니다. 5대 제사가 성공하는 사람은 하나님 쪽에서 늘 그 사람에게 크게 반응해 주십니다. 기도에도 반응하고, 찬송에도 반응하고,

하늘로부터의 화답이 일어난다는 겁니다.

제단에는 첫 번째로 검이 나타납니다. 제단에 날선 검이 나타나야 합니다. 검의 역사, 곧 피의 역사가 일어나야 합니다. 검 앞에서 찔림을 받은 우리가 죄를 고백하고 토하여 내는 겁니다. 검의역사가 임하기 위해서는 솜방망이가 아닌 시퍼런 칼을 사모해야합니다. 인간의 본성은 제사장이 자신의 양털을 쓰다듬어 주기를바랍니다. '아휴, 예쁘다. 너무 하얗고 깨끗하다.' 하지만 이것으로는 그 어떤 역사도 일어나지 않습니다. 제사장이 시퍼런 칼을들고 와서 나의 가죽을 벗기고 각을 떠주기를 원해야 합니다. 하나님의 말씀이 나의 모든 잘못된 부분을 찔러주어야 합니다. 그래야 숨겨진 죄가 관통되고, 나의 삶에 불의 역사가 일어납니다.

목사님들은 말씀의 검을 집행할 때 **"주님, 정확하게 불사르는 주의 사자가 되게 하옵소서!"**라고 기도하며 가죽을 벗기고 각을떠야 합니다. 목사님이 성도들에게 말씀의 검을 집행할 때 예비동작을 잘 해야 합니다. 예비동작은 목사님이 성도들을 찔러야할 합당성을 미리 말해주는 겁니다. 이런 대화법이 필요합니다."지금 설교하다가 여러분에게 하고 싶은 말씀이 딱 왔는데... 내가 이 말을 안 하면 하나님께 호되게 혼날 뿐더러, 여러분에게 큰손해가 생길텐데, 말을 할까요? 말까요?" "목사님, 말씀하세요.""근데 내가 말을 하면 여러분이 시험에 들텐데..." "시험 안 들어요, 절대 안 들어요!" "그러면 해볼까요? 후회 안 해요? 그래, 너, 지옥 가!"

그 다음에 불의 역사가 옵니다. 불이 온다는 건 힘이 온다는 겁니다. 매사에 생기가 진동한다는 겁니다. 무엇을 해도 삶 자체가 탄력이 있다는 겁니다. 힘이 넘친다는 겁니다. 불이 있는 사람은 발걸음에도 힘이 있습니다. 표정에서도, 생명이 흘러나옵니다.

왜 오늘날 한국 교회의 불이 소멸되었습니까? 성도들이 예배를 드려도 왜 하나님이 열납하지 않으십니까? 불의 역사 이전에 검의 역사가 없기 때문입니다. 오늘날 한국 교회의 주일예배는 번제가 사라지고 종교회당으로 변해가고 있습니다. 책망없는 교회, 책망없는 설교가 되었습니다. 한국 교회의 목사님들은 성도들의 눈치를 보느라 말씀의 검은 휘두르지 않고 양의 털만 빗질하고 있습니다. 또 성도들은 목사님의 말씀 앞에 자신의 견해는 내려놓지 않고 머리싸움만 하고 있습니다. 이래서는 절대로 제사가 이루어질 수 없습니다. 그런데 여기에서 한국 교회의 목사님들이 착각하는 것이 있습니다. 사람을 위한 설교를 하면, 목사님도 망하고 성도들도 망합니다. 목사님의 말씀의 검이 없는데, 그 설교를 듣고 어떤 성도가 회개할 수 있습니까? 성도들이 교회에 남든 떠나든, 성령님이 나에게 말씀을 주셨을 때는 성령님이 하자고 하시는 대로 말씀을 관통시켜야 합니다. 목사님은 한 편의 설교를 할 때 돌에 맞아 순교할 각오로 설교해야 합니다. 그런데 놀라운 것은, 말씀의 검이 집행되면 성도들이 떠날 것 같지만, 마치 수술환자들이 칼에 찔려야만 자신이 산다는 것을 아는 것처럼 성도들도 말씀의 검이 관통할 때 자신들이 살아나는 것을 느낍니다. 오히려 성도들이 삐지고 시험에 드는 이유는 목사님이 말씀의 검을 제대로 휘두르지 않기 때문입니다.

한국 교회의 모든 목사님들은 말씀의 검을 회복하고, 성도들은 검 앞에 가죽을 벗어야 합니다. 그래야 회개의 역사가 일어나고 성령의 불이 떨어져 한국 교회가 다시 한 번 놀랍게 부흥될 수 있습니다. **"주님, 말씀의 검을 주시옵소서!"**

향기는 성도의 착한 행실입니다(마 5:16). 착한 행실은 돈 1억을 기부하는 윤리적 선이 아닙니다. 예수 그리스도를 위하여, 예수 그리스도에게 의하여, 예수 그리스도의 것으로 연합된 관계의 선입니다. 아무리 좋은 일을 많이 해도 삶이 향기로 연결되지 못하는 이유는 예수 그리스도를 위한 것이 아니라, 자신의 의를 위해서 했기 때문입니다. 오직 예수 그리스도와의 연합 안에서만 우리는 옆 사람에게 감동을 주고, 향내를 풍길 수 있습니다.

우리의 삶 전체가 다 제사입니다. 여러분이 교회에서 예배를 드리는 것만이 아니라 집에서 밥을 먹을 때, 일을 할 때, 대화를 할 때 등 모든 삶이 다 오대 제사입니다. 그러니까 우리 삶에서 제사의 사건이 일어날 때에 그 말을 듣는 순간에 기쁘단 말입니다. 그것이 바로 향기입니다. 착한 행실이란 말입니다. 착한 행실의 소식을 들을 때 사람들이 은혜를 받습니다. 그래서 은혜를 받는 것을 향기라고 그럽니다.

근데 어떤 사람들이 짜증을 낸다면, 그건 향기가 아닙니다. 무슨 사건의 얘기를 들을 때 우리가 다 기뻐하고 은혜를 받고, 즐거워하고 하나님에게 영광을 돌리는 것을 향기라고 합니다. 향기의 냄새가 나는 삶이 이루어졌을 때, 그것이 오대 제사를 통하여 나타납니다.

로마서 12장 1-3절을 읽어봅시다.

"그러므로 형제들아 내가 하나님의 모든 자비하심으로 너희를 권하노니 너희 몸을 하나님이 기뻐하시는 거룩한 산 제사로 드리라 이는 너희의 드릴 영적 예배니라 너희는 이 세대를 본받지 말고 오직 마음을 새롭게 함으로 변화를 받아 하나님의 선하시고 기뻐하시고 온전하신 뜻이 무엇인지 분별하도록 하라 내게 주신 은혜로 말미암아 너희 중 각 사람에게 말하노니 마땅히 생각할 그 이상의 생각을 품지 말고 오직 하나님께서 각 사람에게 나눠주신 믿음의 분량대로 지혜롭게 생각하라"(롬 12:1-3).

사도 바울은 "너희 몸을 하나님이 기뻐하시는 산 제사로 드리라"고 이야기하면서 "이는 하나님이 받으실 만한 영적 예배니라"고 덧붙여 이야기했습니다. 우리의 삶 전체가 하나님 앞에 산 제사로 드려야 합니다. 그러면 제단에 불이 떨어집니다. 온전한 제물이 되어 불이 떨어지면, 나를 통해 향내가 납니다. 향기 나는 사람이 됩니다. 우리의 삶 자체에서 예수 향기가 진하게 풍기게 됩니다.

고린도후서 4장 10-11절을 읽어봅시다.

"우리가 항상 예수 죽인 것을 몸에 짊어짐은 예수의 생명도 우리 몸에 나타나게 하려 함이라 우리 산 자가 항상 예수를 위하여 죽음에 넘기움은 예수의 생명이 또한 우리 죽을 육체에 나타나게 하려 함이니라"(고후 4:10-11).

우리가 하나님 앞으로 가려면 우리 자신이 산 제물이 되어야 합니다. 제물은 죽어야 됩니다. 죽음이 전제되는 겁니다. 하나님이 에덴동산에서 나온 인간들에게 제단으로 오라고 한 이유는 무엇입니까? 제단은 곧 죽음이 전제되어 있는 겁니다.

번제로 드릴 제물에 안수를 하면 제사장이 제사를 드리는 사람과 일치시키기 위하여 안수를 합니다. 그러면 사람과 제물인 양이 하나가 되는 겁니다. 안수를 통하여 연합이 되는 겁니다. 그때 제사장이 사람을 죽이는 게 아니고 사람을 대신한 이 양으로 제사를 집행하는 겁니다. 이 양과 제물은 예수 그리스도를 상징하는 겁니다. 예수님이 우리를 대신하여 예수님이 나와 하나로 완전히 연합한 겁니다. 연합해서 내가 죽을 죄를 예수님이 대신 지신 겁니다. 이것이 바로 그리스도와의 연합입니다. 믿습니까?

제물과의 연합을 통해 제물을 드리는 사람은 존재하지만, 제물을 통해 죽는 겁니다. 죽음이 전제되는 겁니다. 예수 그리스도는 십자가의 사건을 통하여 오대 제사를 단번에 완성했습니다. 예수님의 십자가 안에는 5가지의 의미가 있는 겁니다. 믿습니까? 할 렐루야. 예수님이 십자가에서 하신 말씀, 가상칠언이 있습니다. 이 모든 말들이 다 오대 제사 안에 들어있습니다.

그 다음에 제사가 바로 되는 곳에 열납이 나타납니다. 하나님이 나의 모든 삶을 열납했다는 것은 사무엘과 엘리를 비교해보면 잘 알 수 있습니다. 사무엘과 엘리 제사장 중에 성공한 제사장은 누 구입니까? 사무엘이 성공한 제사장입니다. 우리는 모두 사무엘과 같은 제사장이 되어야 합니다. 사무엘은 엄마인 한나의 도움으로 하나님 앞에 모든 삶을 산 제사로 드려졌습니다. 그래서 어린 나 이임에도 하나님이 사무엘을 열납하셨습니다. 연기가 하늘 위로 올라가는 걸 열납이라고 합니다. 구약의 제사의 열납은 불태우는 제물에 기름을 불태우면 연기나는 것이지만, 상징적 의식적인 열 납, 영적인 실제 열납은 사무엘상 3장 19절에 나옵니다. 사무엘상 3장 19절을 읽어봅시다.

"사무엘이 자라매 여호와께서 그와 함께 계셔서 그 말로 하나도 땅 에 떨어지지 않게 하시니"(삼상 3:19).

사무엘이 무슨 말을 하면, 하나님이 그 말을 받들어 다 이루어 버리는 겁니다. 이게 열납이란 말입니다. 하나님이 사무엘의 말 에 책임져준다는 것이 바로 열납입니다. 우리도 산 제사로 하나 님에게 나아가면 하나님이 우리의 말을 하나님이 책임져 주는 겁 니다. 사도행전을 보면, 5대 제사가 잘 이루어졌던 시대가 오순절 시대라고 할 수 있습니다. 베드로가 아나니아와 삽비라의 거짓말을 듣고 "너 죽어" 하니까 죽었습니다. 이게 하나님이 말을 열납한단 말입니다. 인간의 말인데 하나님이 그대로 집행하여 이룬다는 겁니다. 도르가라는 사람이 죽어 누워있는데, 베드로가 "도르가야 일어나라" 그러니까 죽은 시체가 벌떡 일어나버렸습니다. 하나님이 그의 말에 열납하는 겁니다. 하나님이 말에 권위를 세워주며 그 말에 열납하는 것은 오대 제사가 그 사람에게 이루어진 것이라고 볼 수 있습니다. 오대 제사 안에 들어가야 우리의 묵상과 생각과 말이 하나님의 열납으로 올라갈 수 있습니다. 어떤 사람은 말을 해도 하나님이 외면합니다. 그것은 그 사람 안에 오대 제사가 없기 때문입니다.

열납은 하늘로부터 응답하는데, 이것은 우리의 삶 속에서 경험을 해야 됩니다. 여러분이 한 주를 살면서 직장에서, 가정에서, 어느 곳에서든지, 심지어 운전할 때도 입술에서 찬미의 제사가 터지는 것도 제사입니다. 차에서 찬송을 부르다가 우리의 심령이 감동이 되어 도저히 운전할 수 없어서 차도 옆에 주차를 하고 차 안에서 하나님에게 찬양하며 울며불며 기도한 적이 있습니까? 그런 것이 바로 열납입니다. 이런 열납의 찬양도 제사입니다. 히브리서 13장에 보면 "너희 입술에 찬미의 제사를 끊지 말라"고 되어 있습니다. 또 내가 성경을 읽다가 아니면 기독교 방송을 듣다가 우리의 심령을 울리는 말씀이 들어올 때, 내 가슴에 뜨거움이 일어나 어찌할 수 없을 때, 하나님을 향하여 부르짖고 기도한 적이 있습니까? 그게 기도의 열납입니다. 이런 열납의 역사가 우리의 삶에 일어나야 합니다.

저는 예수님을 믿고 이런 열납의 역사가 지금까지 연속이 되어 오고 있습니다. 제 삶에서 꼬리에 꼬리를 물고 계속 연장되어 온 겁니다. 그래서 제가 하나님 앞에서 아주 작더라도 쓰임을 받는 겁니다. 여러분의 삶에서도 열납의 역사가 일어나길 바랍니다. 이것이 우리의 삶에서 일어나야 합니다.

"검의 역사, 불의 역사, 향기의 역사, 열납의 역사." 오대 제사가 내 속에서 살아 있을 때 일어나는 증거입니다. 제사에서 제사로, 제사 속에서 살아서 늘 하나님과의 영적 교통이 이루어지기를 바랍니다. 하나님은 타락한 인간에게 "제단으로 와라. 제단에서 내가 너를 만나주겠다. 제단을 통하여 너와 교통하겠다"고 말씀하십니다. 예수 그리스도의 십자가에서 이루신 5가지 제사 안에 우리의 삶 전체가 들어갈 때 검의 역사, 불의 역사, 향기의 역사, 열납의 역사가 일어납니다.

"하나님, 제단을 통해 나를 만나주시겠다고 하시니 감사합니다. 십자가의 제단 앞에서 나아가 오대 제사를 하나님에게 드리게 해주세요. 우리의 삶 전체를 통해 불의 역사, 향기의 역사, 열납의 역사가 일어나도록 해주세요. 오대 제사를 통해 구원의 역사가, 축복의 역사가 일어나게 해주세요. 예수님의 이름으로 기도하옵나이다. 아멘."

02

/

번제

레위기 1장 1-13절

¹여호와께서 회막에서 모세를 부르시고 그에게 일러 가라사대 ²이스라엘 자손에게 고하여 이르라 너희 중에 누구든지 여호와께 예물을 드리려거든 생축 중에서 소나 양으로 예물을 드릴찌니라 ³그 예물이 소의 번제이면 흠 없는 수컷으로 회막 문에서 여호와 앞에 열납하시도록 드릴찌니라 ⁴그가 번제물의 머리에 안수할찌니 그리하면 열납되어 그를 위하여 속죄가 될 것이라 ⁵그는 여호와 앞에서 그 수송아지를 잡을 것이요 아론의 자손 제사장들은 그 피를 가져다가 회막 문앞 단 사면에 뿌릴 것이며 ⁶그는 또 그 번제 희생의 가죽을 벗기고 각을 뜰 것이요 ⁷제사장 아론의 자손들은 단 위에 불을 두고 불 위에 나무를 벌여 놓고 ⁸아론의 자손 제사장들은 그 뜬 각과 머리와 기름을 단 윗 불 위에 있는 나무에 벌여 놓을 것이며 ⁹그 내장과 정갱이를 물로 씻을 것이요 제사장은 그 전부를 단 위에 불살라 번제를 삼을찌니 이는 화제라 여호와께 향기로운 냄새니라 ¹⁰만일 그 예물이 떼의 양이나 염소의 번

제이면 흠 없는 수컷으로 드릴찌니 ¹¹그가 단 북편에서 여호와 앞에서 잡을 것이요 아론의 자손 제사장들은 그 피를 단 사면에 뿌릴 것이며 ¹²그는 그것의 각을 뜨고 그 머리와 그 기름을 베어 낼 것이요 제사장은 그것을 다 단 윗 불 위에 있는 나무에 벌여 놓을 것이며 ¹³그 내장과 정갱이를 물로 씻을 것이요 제사장은 그 전부를 가져다가 단 위에 불살라 번제를 삼을찌니 이는 화제라 여호와께 향기로운 냄새니라

5대 제사 중 첫 번째 제사는 **"번제"**입니다. 하나님에게 나아가는 첫 번째 제사인 번제가 중요합니다. 5대 제사에도 순서가 있습니다. 제사의 순서가 바뀌어버리면 하나님 앞에 나아가지 못합니다. 그래서 첫 번째 제사가 가장 중요합니다.

아담과 하와가 에덴동산에서 쫓겨난 이후에 하나님 앞에 제단을 쌓은 대표적인 두 사람은 가인과 아벨입니다. 아벨의 제사는 열납을 받았지만, 가인의 제사는 열납받지 못했습니다. 가인과 아벨이 똑같이 제사를 드렸는데, 어떤 차이 때문에 한 쪽은 열납을 받지 못하고, 한 쪽은 열납을 받은 것인지 알아봅시다. 뭔가 차이가 있다는 겁니다. 이 내용은 창세기 4장에 나옵니다.

형태적으로 보면, 어찌되든 아벨의 제사는 하나님이 열납하셨습니다. 하나님이 그의 제물과 그의 기름을 열납하셨습니다. 제사가 성공적으로 이루어졌다는 겁니다. 아벨은 하나님에게 제사를 드릴 때 "첫 양 새끼와 그 기름으로 나아갔다"라고 했습니다.

"양과 그 기름으로 나아갔다"는 것은 양을 죽인 상태에서 제단에 드린 겁니다. 이게 바로 "번제"입니다. "번제"로 먼저 나갔기 때문에 하나님에게 드린 제사가 열납된 겁니다. 가인은 농사하는 자였기 때문에 첫 곡식을 가져갔다 그랬습니다. 이건 "소제"입니다. "소제"로 하나님에게 바로 나간 겁니다. 이건 피가 없는 겁니다. 소제는 곡식입니다. 그러니까 하나님에게 나아갈 때는 "피의 제사"가 먼저 나아가야 합니다. '번제'가 하나님에게 먼저 나아가야 하나님과 교통이 이루어집니다. '소제'로 먼저 나왔기 때문에 가인의 제사는 버림을 당한 겁니다.

하나님을 향하여 가는 첫 발걸음

제사의 순서가 바뀌어도 안 됩니다. 그러니까 타락한 인간이 전능자 하나님을 찾아갈 때에 하나님을 향하여 가는 첫 발걸음이 "번제"입니다. 여러분 가슴에 늘 번제가 살아있기를 바랍니다. 사람은 태어날 때부터 죄를 가지고 태어납니다. 아담과 하와가 범죄한 이후에 우리의 핏속에, 세포 속에 사탄으로 가득 차 버린 상태로 태어납니다. 우리는 태어날 때부터 마귀의 밥으로 태어나는 겁니다. 이걸 '원죄'라고 합니다. 원죄 없이 태어난 사람은 없습니다. 마귀에게 침몰되어 있는 상태에서 태어납니다. 사탄이 사람을 완전히 정복한 상태에서 태어납니다. 그래서 아이가 엄마의 뱃속에 있을 때부터 부모가 하나님 앞에 날마다 번제를 드려 성령이 충만하면, 아이가 태어날 때부터 성령 충만하여 태어난다고 성경에 쓰여 있습니다. 그러나 보편적인 사람들은 마귀가 완전히 삼킨 상태에서 태어납니다. 그러다가 예수님을 믿고, 구세주로 고백할 때 내 안에 있던 마귀가 나가는 겁니다. 제가 예수님을 믿고 교회에 나갈 때 마귀가 그냥 나가지 않았습니다. 얼마나 소리를 지르며 나갔는지 모릅니다. 마귀가 나갈 때 사람을 힘들게 합니다. 그래서 예수님을 믿은 걸 후회한 적도 있었습니다. '이렇게 힘든 예수를 내가 왜 믿어야 하나?' 어떨 때는 가다가 마귀 때문에 정신이 어지러워서 전봇대를 붙잡고 있었습니다. 그동안 나를 정복했던 마귀와 예수님이 내 안에서 영적 전쟁을 하고 있었던 겁니다.

내 속에 있었던 어둠을 성령이 밀어낼 때, 순순히 나가지 않습니다. 그냥 안 나갑니다. 마귀가 나갈 때 사람마다 그 현상들이 다릅니다. 어떤 사람들은 어둠의 색깔이 얕아서 충격이 좀 덜합니다. 경미한 현상이 일어납니다. 그냥 머리가 띵하고 아픈 겁니다. 마귀가 성령에 의해 밀려나면서 내 안에 성령으로 교체된다는 말입니다. 하나님의 영이 나를 붙잡은 겁니다. 그 다음에는 하품입니다. 그냥 하품이 아니라 계속 나오는 하품입니다. 밖에서는 하품이 나오지 않는데, 예배만 드리면 계속 하품이 나오는 사람에게도 영이 교체될 때 일어나는 현상입니다.

경미한 현상에서 조금 심한 경우에는 구역질이 납니다. 속에서 메스껍고 속이 불편한 느낌이 일어납니다. 그리고 악한 영이 나가고 하나님의 영이 그 사람을 붙잡을 때 발작하기도 합니다. 발작하는 사람의 단계는 악한 영의 어둠이 짙은 사람에게 일어나는 겁니다. 저는 이 발작의 단계를 넘어버렸습니다. 하도 우상숭배를 많이 해서 얼마나 심했는지 모릅니다. 정말 죽을 고비를 넘겼습니다. 예수님을 믿는다는 것을 후회한 적이 있을 정도로 힘들었습니다. 그러나 하나님의 일은 언제나 승리합니다. 하나님은 우리에게 선한 일을 시작하셨으면 끝까지 승리할 줄 믿습니다.

"너희 속에 착한 일을 시작하신 이가 그리스도 예수의 날까지 이루실 줄을 우리가 확신하노라"(빌 1:6).

구원의 제사

레위기 1장을 보면 첫 번째 제사를 소개하는데, 바로 "번제"입니다. 이 번제는 하나님과 사람이 처음 만나는 겁니다. 하나님과 헤어졌던 인간이 하나님을 처음 만나는 제사입니다. 아담의 범죄, 우리에게 계속 이어지는 원죄 때문에 하나님과 사람의 관계는 무너졌습니다. 그 관계를 처음 연결하는 것이 바로 번제입니다. 원죄를 해결하는 것이 번제입니다. 사람의 죄는 원죄와 자범죄가 있습니다. 원죄는 본능적인 죄입니다. 우리가 태어나기 전에 이미 선조들로부터 지은 죄가 원죄입니다. 이 원죄를 해결하는 능력이 바로 번제라는 겁니다. 나머지 죄는 구원받은 사람이 짓는 죄입니다. 구원받은 사람이 지은 죄를 해결하는 제사는 나중에 나오는 4가지 제사입니다. 첫 번째 제사인 번제는 원죄를 해결하는 것이기 때문에 다른 말로 **"구원의 제사"**라고도 합니다.

 번제를 통해 원죄가 용서받은 사람은 구원을 받습니다. 자범죄 때문에 절대 지옥에 안 갑니다. 자범죄를 다스리는 죄는 속죄제입니다. 이것은 구원의 제사와는 다릅니다. 구원받은 사람도 이 세상을 살면서 죄를 범합니다. 하지만 죄를 범했다고 지옥에 가는 게 아닙니다. 왜냐하면 원죄를 해결했기 때문입니다. 구원의 제사를 드렸기 때문입니다. 하지만, 죄의 문제는 속죄제를 통해 해결해야 합니다. 속죄제를 통해 죄가 해결되지 않으면 이 세상에서 기쁨이 없습니다. 이 세상에서 구원과는 문제가 없는데, 이 세상에서 문제가 있는 겁니다. 사는 동안에 힘들게 삽니다. 내적으로 비참해지고 기쁨이 없습니다. 이건 다음에 계속해 나갈 것인데, 우리에게 가장 중요한 제사가 번제입니다. 이건 구원과 관계된 제사이기 때문입니다.

 번제가 가슴속에 이루어지는 사람은 구원이 이루어지는 겁니다. 여러분 속에 번제가 이루어지면 그 사람은 구원을 받는 겁니다. 인간에게 최고의 축복은 하나님의 자녀가 되는 겁니다. 하나님의 자녀로 되는 그 방법이 바로 '번제'란 말입니다. 그럼 번제는 어떻게 하면 이루어지는가? 우리가 번제를 성공적으로 드리기 위해서는 어떤 과정이 필요한가? 그 부분을 살펴봅시다.

 레위기 1장 1-4절을 읽어봅시다.

"여호와께서 회막에서 모세를 부르시고 그에게 일러 가라사대 이스라엘 자손에게 고하여 이르라 너희 중에 누구든지 여호와께 예물을 드리려거든 생축 중에서 소나 양으로 예물을 드릴찌니라 그 예물이 소의 번제이면 흠 없는 수컷으로 회막 문에서 여호와 앞에 열납하시도록 드릴찌니라 그가 번제물의 머리에 안수할찌니 그리하면 열납되어 그를 위하여 속죄가 될 것이라"(레 1:1-4).

성경을 보면, 번제물의 머리에 안수하라고 되어 있습니다. 제사장이 죄인과 제물을 양 옆에 놓고 손을 얹어 안수시킴으로 연결을 시키는 것이 안수입니다. 이 안수는 무슨 뜻일까요? 안수는 그리스도와 연합시키는 겁니다. 안수를 통하여 내가 예수와 하나가 되는 겁니다. 우리가 그리스도와 하나가 됨으로써 번제로 승리할 수 있는 겁니다. 예수와 관계없이 나 혼자 번제를 드릴 수는 없습니다.

예수님이 십자가에서 이루신 것을 받아들임으로 예수님과의 관계성이 생깁니다. 그 관계성이 있어야 우리는 '번제'에서 승리할 수 있습니다. 그리스도와의 관계성을 이루는 것이 연합이고, 바로 안수입니다. 안수를 통해서 그리스도와 지금부터 관계를 맺겠다는 겁니다. 예수님과 관계를 맺기 원하십니까?

2천 년 전에 예수님이 십자가상에서 이루어 놓으신 5가지 제사가 우리 속으로 들어오도록 하셨습니다. 우리가 안수를 통해 그리스도와 연합을 이루게 됩니다. 이 안수는 목사님이 여러분에게 은사를 받게 하거나, 축복을 받게 하거나, 사건의 문제를 해결하기 위해서 안수하는 것과는 다릅니다. 이 안수는 제물 된 우리 인간이 하나님 앞에 온전한 제물인 그리스도 '안에' 들어가는 첫 과정입니다. 하나님이 여러분과 저를 예수 안에 품어주신 겁니다.

안수를 한 다음 행할 것은 4절 이후에 나옵니다. 4-6절을 다시 한 번 읽어봅시다.

"그가 번제물의 머리에 안수할찌니 그리하면 열납되어 그를 위하여 속죄가 될 것이라 그는 여호와 앞에서 그 수송아지를 잡을 것이요 아론의 자손 제사장들은 그 피를 가져다가 회막 문앞 단 사면에 뿌릴 것이며 그는 또 그 번제 희생의 가죽을 벗기고 각을 뜰 것이요"(레 1:4-6).

안수가 이루어진 후 두 번째는 **"칼의 역사, 검의 역사"**입니다. 죄인과 제물에 손을 얹고 안수가 끝나면 제사장 앞으로 제물을 이끌고 검을 받습니다. 칼을 가지고 양의 가죽을 벗기는 겁니다. 이 검은 신약 시대에 하나님의 말씀입니다. 구약성경과 신약성경이 서로 비교되는 게 있습니다. 구약성경의 레위기는 신약성경의 히브리서와 같습니다. 이 2개가 붙어야 성경이 해석됩니다. 히브리서는 구약 시대에 이루어졌던 레위기에 대한 제사법을 신약적 개념으로 활짝 열어 놓은 겁니다. 그러니까 구약의 레위기는 짐승을 가지고 제사를 드렸고, 신약의 히브리서는 우리 자신이 제물이 되어서 하나님에게 드리는 제사법입니다. 그러면 하나님 앞에 번제를 드리는 것은 "안수의 역사"로 통해 예수를 믿음으로 말미암아 예수와 연합되는 걸 말한다고 그랬습니다. 그 다음에는 "검의 역사"가 따라옵니다. 나의 가죽을 벗긴다는 겁니다. 히브리서 4장 12절을 보시면, 이 칼이 어떻게 역사하는지 자세히 이야기합니다.

"하나님의 말씀은 살았고 운동력이 있어 좌우에 날선 어떤 검보다도 예리하여 혼과 영과 및 관절과 골수를 찔러 쪼개기까지 하며 또 마음의 생각과 뜻을 감찰하나니"(히 4:12).

"하나님의 말씀은 살았고 운동력이 있어 좌우의 어떤 칼보다 더 예리하여." 구약의 칼은 짐승의 가죽을 벗겼지만, 신약의 칼은 나의 혼과 영과 및 관절과 골수를 찔러 쪼갠다는 겁니다. 또 우리 마음의 생각을 찌른다는 겁니다. 구약의 칼은 양의 가죽을 벗기지만, 신약의 칼은 우리의 마음을 찌른다는 겁니다.

우리의 삶에서 온전한 번제가 일어나려면, 우리 속에 **"말씀의 검"**이 꽂혀야 됩니다. 양이 가죽을 뒤집어쓰고 있으면, 양 속에 있는 더러운 것들이 제대로 보이지 않습니다. 내장이나 그 안에 들어있는 똥이라든지 더러운 것이 보이지 않습니다. 그래서 칼로 가죽을 벗기는 겁니다. 이처럼 우리 안에 하나님의 말씀이 임하지 않으면 사람 안에 있는 더러운 것들이 보이지 않습니다. 의로운 사람처럼, 깨끗한 사람들처럼 생각합니다. 하지만 하나님의 말씀이 우리의 껍질을 벗기면, 우리 안에 들어 있는 온갖 죄들이 보입니다.

여러분, 양을 본 적이 있습니까? 성경에 보면 양의 하얀 털을 비유로 말했습니다. "너희 죄를 양털처럼 희게 하리라." "너희 죄가 주홍같이 붉을지라도 흰 눈과 같이 희게 할 것이요. 너희 죄가 진홍같이 붉을지라도 너희 죄를 양털 같이 희게 하리라." 양털이 얼마나 하얗다는 걸 알 수 있습니다. 그런데 양 속에는 더러운 것이 꽉 찼습니다. 그 속에는 똥도 있고, 창자도 있고, 내장도 있단 말입니다. 이건 우리 사람이 표면적으로 보면, 다 의로운 것 같고 점잖은 거 같습니다. 그럴듯하게 보입니다. 하지만 하나님의 말씀인 검으로 헤치고 그 껍질을 까고 들어가면, 다시 말해서 "가면을 벗으면" 우리 속에 들어있는 모든 더러움이 드러나는 겁니다. 하나님의 말씀이 그것들을 다 들어내서 꺼내는 겁니다. 하나님의 말씀이 임해서 내 심령을 찔러야 내 안에 있는 모든 더러운 것들을 꺼낼 수 있습니다. 말씀이 임하지 않은 사람은 한없이 자기가 깨끗한 사람처럼 생각합니다. '내가 뭘 그렇게 잘못했나?' 이런 생각을 합니다. 말씀이 임하지 않은 사람은 자기의 더러움을 모릅니다. 그리고 당당하게 자신은 깨끗하다고 주장합니다.

마태복음 15장 15-19절을 읽어봅시다.

"베드로가 대답하여 가로되 이 비유를 우리에게 설명하여 주옵소서 예수께서 가라사대 너희도 아직까지 깨달음이 없느냐 입으로 들어가는 모든 것은 배로 들어가서 뒤로 내어 버려지는 줄을 알지 못하느냐 입에서 나오는 것들은 마음에서 나오나니 이것이야말로 사람을 더럽게 하느니라 마음에서 나오는 것은 악한 생각과 살인과 간음과 음란과 도적질과 거짓 증거와 훼방이니"(마 15:15-19).

한의사의 표현대로, 사람 몸에 오장육부가 있습니다. 위도 있고 콩팥도 있습니다. 내장도 있고, 그 안에 똥도 있습니다. 더러운 것들도 함께 들어 있습니다. 우리를 더럽게 하는 것들, 그 첫 번째 가 바로 마음에서 나오는 '악한 생각'입니다. 악한 생각이 처음에 튀어나온단 말입니다. '아 내 속에 악한 생각이 들었구나' 하는 것을 알게 됩니다. 말씀의 검이 임하면, '내 생각이 그동안 악했구나. 악했구나' 하는 것을 알게 됩니다. 그리고 자기의 정당성이 무너져 버립니다. 그렇게 자기가 힘이 있고 나는 의로운 것 같았는데, 말씀의 검이 임해 보니까 죄인 중의 죄인이고, 자기의 생각이 불의 했다는 걸 알게 되는 겁니다.

히브리서 4장 12절 말씀을 다시 한 번 읽어봅시다.

"하나님의 말씀은 살았고 운동력이 있어 좌우에 날 선 어떤 검보다도 예리하여 혼과 영과 및 관절과 골수를 찔러 쪼개기까지 하며 또 마음의 생각과 뜻을 감찰하나니"(히 4:12).

여기에 "혼"이라는 말은 생각이라는 말입니다. 혼을 쪼갠다는 것은 너의 생각이 잘못됐다는 것을 검이 와서 나를 친단 말입니다. "너 생각 잘못된 거야. 이놈아. 그 썩어빠진 생각을 하고 앉았어." 이것이 검이 임하기 전에는 모릅니다. 사람은 자기가 정당하고, 자기가 합리적으로 생각한 줄 압니다. 자기의 논리가 다 맞다고 생각합니다. 근데 하나님의 성령의 말씀의 검이 심령에 임해 버리면, 이유도 없이 그냥 무너져 버립니다. '나는 악하다'는 걸 알게 돼 버립니다. 선한 분은 예수밖에 없다는 것을 고백할 수밖에 없고, 그냥 우리는 두 손을 듭니다.

그런데 교회에 와서도 눈이 번들번들 살아 있고, 아직도 자기가 무슨 의로운 척하고 다닙니다. 그것도 당당하게 말입니다. 이건 아직 검이 그 심령에 임하지 않아서 그런 겁니다. 검이 임하면, 일단 자기를 부정하게 됩니다. 자기 자신이 잘못됐다는 걸 알게 됩니다. 말씀의 검이 나타나 악한 생각을 분리해 버립니다. 그 생각을 쪼개버립니다. 사람은 누구든지 자기 생각에 따라 판단하고 그 위에 서서 남을 정죄하고 자기를 합리화시키는데 하나님의 말씀의 검이 임하면 그것이 무너진단 말입니다. 내 생각에 정당성을 부여하지 마시기 바랍니다. **"내 생각에 정당성을 부여하지 말라."**

예수님이 바리새인들과 서기관들, 그리고 율법학자들에게 "독사의 새끼들아", "이 회칠한 무덤들아" 하고 말씀하셨습니다. 날선 검으로 이야기했습니다. '번제'가 살아나려면, 검이 나타나야 됩니다. 검을 통해 회개의 역사가 일어나야 합니다. 칼로 여러분의 가면을 벗겨야 합니다. 우리 속에 들어 있는 내장, 콩팥, 더러운 모든 것들이 다 꺼내져야 합니다. 이것은 말씀의 검으로 우리의 가죽이 벗겨질 때 일어납니다.

그런데 어떤 사람은 "말씀의 검"을 하나님에게 드리는 제사라고 생각하지 않습니다. 하나님의 말씀을 언본주의적으로 받아들이는 경우입니다. "아이고 목사님이 이거 참 날 까고 있네." 말씀을 들으면서 이런 생각을 하면서 하나님의 말씀을 순수하게 받아들이지 못합니다. 그리고 자기가 혼자 해석합니다. "아 이거 참 이번 추석 때 말이야. 아 이거 참 과일 1박스 안 사줬더니, 더럽게 까고 앉았네." 혼자 해석하면서 말씀의 검을 받아들이지 못하면 하나님에게 온전한 제사를 드릴 수 없습니다.

번제가 왜 속죄제사가 이루어지지 않는가? 그 이유는 원죄입니다. 이 원죄는 회개하면 성령의 불이 떨어지고, 그 불에 죄가 탑니다. 죄가 타는 냄새가 납니다. 그런데, 요즘 우리에게는 죄가 타들어가는 냄새가 나지 않습니다. 우리의 심령이 말씀의 검으로 찔러 쪼개지는 역사가 일어나 우리의 죄들이 다 튀어나와 꺼내져야 하는데, 그것이 없습니다. 말씀의 검으로 찔려서 우리의 모든 외식과 가면을 벗어야 됩니다. 숨겨진 죄악이 다 튀어나와야 합니다.

우리 속에 괜히 아닌 척하고 양의 가죽을 뒤집어 써 흰 양털처럼 깨끗하게 보여도 하나님께서는 중심을 보시기 때문에 숨겨진 죄악을 다 아십니다. 말씀의 검이 그 중심으로 들어가 찌릅니다. 그렇게 상한 심령에 피가 나옵니다. 하나님은 말씀의 검으로 상한 심령을 기뻐하십니다.

말씀의 검이 임해야 됩니다. **"주여, 말씀의 검으로 임하여 주세요."** 말씀의 검으로 우리의 마음이 찔림을 받아야 합니다. 여러분의 생각이 잘못됐다는 걸 찔러줘야 됩니다. 근데 우리 인간은 그렇지 않습니다. 양으로 말하면, 계속 양 털을 붙잡고 쓰다듬어 주기를 바랍니다. "예쁘다 아이고 흰 눈보다 더 깨끗하네." 양들은 이렇게 해주기를 바랍니다. 제사장이 시퍼런 칼을 가지고 양의 모가지를 찔러서 가죽을 벗겨주기를 원하는 것이 아니고, 양을 만지면서 쓰다듬어 주기를 바라는 겁니다. 그런데 여러분, 말씀의 검이 나를 찌르고 관통을 해줘야 됩니다. "안 돼! 너 그따위 짓하면 안 돼! 너 그렇게 하면 안 되는 거야!" 이렇게 말씀이 나타나야 되는 겁니다.

예수님이 제일 측근인 베드로에게 말씀하십니다. "사탄아 물러가라!" 자신의 측근 중에 측근인 베드로에게 이런 말을 하다니 말이 된다고 생각하십니까? 베드로가 설령 실수를 한 번 했다고 해도 "사탄아 물러가라!" 이러면 되냐 말입니다. 그런데 여러분, 이 말에 우리가 삐지면 안 됩니다. 하나님의 말씀을 받고, "주여 잘못했습니다" 하고 고백해야 합니다. 이래야 우리 안에 번제가 일어나는 겁니다. 그래야 내 속에서 죄 타는 냄새가 일어나는 겁니다.

두 번째 사람 마음에 들어있는 더러운 것은 "살인"입니다.

"마음에서 나오는 것은 악한 생각과 살인과 간음과 음란과 도적질과 거짓 증거와 훼방이니"(마 15:19).

살인의 씨는 미움입니다. 살인은 미움에 근거를 둔 겁니다. 미움이 크면 살인이 되는 겁니다. 여러분 마음에 사람을 미워하는 생각을 그대로 담고 있으면, '번제'가 이루어지지 않습니다. 내 속에 사람을 미워하는 것은 다 털어내야 됩니다. 사람을 미워하는 생각이 마음 속에 자리 잡는 순간에 찬송이 힘을 잃어버립니다. 기도의 문이 막혀버립니다. 기도의 생기가 약해져 버립니다. 제단에 나타나는 **"불의 역사, 향기의 역사, 열납의 역사"**가 서서히 식어져 버립니다.

살인의 씨인 미움은 어디서 나왔는지 아십니까? 미움이 일어나기 전에 싹을 피우는 게 **"시기"**입니다. 시기와 질투는 제1의 신경입니다. 저도 시기와 질투가 많습니다. 나보다 더 잘되면, 그런 마음이 듭니다. 이건 제 안에 **"죄의 뿌리"**가 있어서 그런 겁니다. 이때 저는 말씀을 아니까, "물러가라. 물러가라" 이렇게 선포합니다. 아무튼 제 마음에도 시기가 일어난단 말입니다. 여러분도 시기와 질투가 일어납니다. 여러분 안에도 죄의 뿌리가 있기 때문입니다. 시기와 질투가 일어날 때 **"물러가라"** 하고 외치며, 죄의 뿌리인 시기와 질투를 다 토해 내야 합니다.

살인 다음에는 "간음과 음란"이 나옵니다. 간음과 음란은 모든 인간들에게 다 있는 겁니다. 없는 사람이 없습니다. 예쁜 사람을 보면 더 오래 쳐다보고 싶은 마음이 있습니다. 우리 안에 이것이 자리 잡고 있는데, 말씀의 검이 임하여 이것들도 모두 바깥으로 튀어나가게 합니다. "주여 나는 음란합니다. 나는 살인했습니다." 이런 고백이 나와야 합니다.

그리고 "도적질과 거짓과 증거와 훼방"이 나옵니다. 이런 것들이 보통 우리의 삶에서 그냥 넘어갑니다. 그런데 말씀의 검이 내심령을 찌르면, 작은 것이라도 고통스러워하고 상한 심령이 되어 하나님을 향해 부르짖게 됩니다. 내 안에 말씀의 검으로 찔려 흐르는 피로 부르짖습니다.

갈라디아서 5장 19-21절을 읽어봅시다.

"육체의 일은 현저하니 곧 음행과 더러운 것과 호색과 우상 숭배와 술수와 원수를 맺는 것과 분쟁과 시기와 분냄과 당 짓는 것과 분리함과 이단과 투기와 술 취함과 방탕함과 또 그와 같은 것들이라 전에 너희에게 경계한 것 같이 경계하노니 이런 일을 하는 자들은 하나님의 나라를 유업으로 받지 못할 것이요"(갈 5:19-21).

갈라디아서에 기록된 것처럼 이런 것들이 그냥 평상시에는 덮여 있습니다. 양의 가죽으로 뒤집어씌움을 당한 것처럼 우리를 합리화시키고, 포장을 해도 우리 마음에 육체의 일이 가득하면 하나님의 나라를 유업으로 받지 못합니다. 하나님의 말씀의 검이 우리의 심령에 임하여 찔림으로 그 속에 더러운 육체의 일들이 튀어나와야 합니다. 우리의 부르짖음을 통하여, 우리의 회개를 통하여 우리 안에 더러운 육체의 일들이 바깥으로 다 튀어나가야 합니다. 하나님의 말씀의 검이 먼저 임하여 우리의 상한 심령을 통해 불이 떨어지는 겁니다. 성령충만을 달라고 기도하는 것이 아니라 검이 먼저 지나가면 그때 성령의 불이 임하는 겁니다.

그래서 말씀의 검이 우리의 심령을 통과해 달라고 기도해야 합니다. 말씀의 검이 우리의 심령에 올 때 기분이 나쁘고, 좀 신경질 나기도 합니다. 때로는 굉장히 고통스러울 때도 있고, 아주 불쾌하기도 합니다. 그렇지만 그것이 나를 살리는 겁니다. 그것이 내 심령을 소생시키는 겁니다. 날카로운 말씀의 검이 여러분의 심령을 강타하기를 바랍니다.

하나님 앞으로 돌아오는 역순의 통로인 제단

옛날에 제가 어릴 때 시골에서 살았습니다. 그때 우리 큰집이 낙동강을 건너가면 있었습니다. 낙동강을 건너서 마을을 몇 개 지나서 산고개를 가다 보면 큰집이 나왔습니다. 한 4킬로미터 정도 되는 거리였습니다. 좀 먼 거리였습니다. 우리 아버지의 형님 집에 할머니가 계셨습니다. 제 기억으로 초등학교 3-4학년 때였던 것 같습니다. 어머니가 심부름을 시켰는데, 보자기에 뭔가를 싸주시면서 할머니에게 갖다 주고 오라는 겁니다.

초등학생이 가기에 조금 먼 길이었는데, 그것도 길이 꼬불꼬불해서 걷기가 힘들었습니다. 꼬불꼬불한 길을 가다보면, 집으로 돌아올 때 자꾸 헷갈리니까 돌멩이를 주워서 하나씩 놓았습니다. 표시를 한 겁니다. 이렇게 해 놓으면 큰집에서 우리 집으로 돌아올 때 돌멩이를 보고 갔던 길을 찾아 되돌아왔습니다. 이게 바로 역순입니다. 우리가 하나님의 품을 떠났으면, 떠났던 길을 다시 역순으로 돌아와야 합니다. 그 역순의 통로가 바로 제단입니다. 하나님이 제단이라고 하는 과정을 통하여 **"하나님 앞으로 돌아오라"** 그랬습니다.

그럼, 인간은 하나님을 왜 떠나게 된 겁니까? 결정적인 사건은 바로 선악과 때문입니다. 선악과를 따먹은 한 사람 때문에 모든 인간을 망친 겁니다. 하나님께서 **"먹지 말라"** 말씀하셨는데, 그걸 어기고 먹었단 말입니다. 선악과는 단순한 나무 열매가 아닙니다. 선악과는 **"하나님의 뜻, 의지, 견해"**입니다. 선악과를 먹는 행위는 **"인간의 뜻, 의지, 견해"**를 내세우면서 주장한 겁니다. 그래서 하나님 앞으로 돌아갈 때 거꾸로 더듬어 가듯이 선악과를 반납해야 하는 겁니다. 선악과를 먹음으로 타락한 인간이 거꾸로 돌아가는 것은 구원함을 받는 겁니다. 그래서 타락은 구원의 역순이 되고, 구원은 타락의 역순이 되는 겁니다.

인간이 하나님에게 돌아갈 때 선악과를 반납한다는 것은 타락의 역순으로 인간의 뜻, 의지, 견해가 죽어야 되는 겁니다. 고린도후서 4장 10-11절을 읽어봅시다.

"우리가 항상 예수 죽인 것을 몸에 짊어짐은 예수의 생명도 우리 몸에 나타나게 하려 함이라 우리 산 자가 항상 예수를 위하여 죽음에 넘기움은 예수의 생명이 또한 우리 죽을 육체에 나타나게 하려 함이니라"(고후 4:10-11).

우리가 산 자라고 하는 이 삶은 자아의 삶입니다. 다시 말해서 하나님의 품인 에덴동산에서 나온 사건을 말하는 겁니다. 인간이 하나님 앞에 살았단 말입니다. 자기의 주장을 내세우다가 인간은 타락한 겁니다. 타락한 인간의 모습을 거꾸로 죽음으로 넘겨야 된다는 말입니다. 사도 바울은 "우리 살아 있는 자가"라고 했는데, 이게 바로 인간이 선악과를 따먹을 때 인간의 자아가 살아난 것을 말하는 겁니다. 살지 말아야 할 인간의 자아가 사는 겁니다. 하나님에게 돌아갈 때 이 자아를 죽음으로 넘겨야 합니다. 이 죽음 없이는 우리가 회복될 수 없습니다. 아멘.

10절의 말씀처럼, 예수님의 생명이 여러분을 통하여 나타나기 원하십니까? 불의 역사가 나타나기 원하십니까? 향기의 역사가 나타나길 원하십니까? 능력도 흘러가길 원하십니까? 은사도 나타나길 원하십니까? 그러려면 우리 산 자가 항상 예수를 위하여 죽음에 넘겨야 되는 겁니다. 죽음에 넘기지 않으면 나타남은 없는 겁니다. 오늘 이 책을 읽는 여러분의 자리에 시대적인 산 제물이 되기를 바랍니다. **"우리 모두 산 제물이 됩시다."** 아멘.

그런데 산 제물이 되는 것이 쉬운 일이 아닙니다. 오대 제사가 쉬운 게 아닙니다. 번제는 곧 구원과 관계가 있습니다. 그 외에 나머지 제사는 성화의 관계이기 때문에 구원과는 상관이 없습니다. 하지만, 이 땅에서 복은 못 받습니다. 부끄러운 구원이라도 받으려면, '번제'만큼은 확실히 해야 됩니다.

'번제'는 사람과 하나님과의 구원을 일으키는 제사이기 때문에, 첫 번째 제사입니다. 번제로 드린 제물, 양이나 소나 염소나 비둘기 등 제물이 정해지면, 그 제물을 가지고 제사장 앞으로 갑니다. 그러면 제사장은 안수를 해서 제사를 지내는 사람과 제물을 하나로 합칩니다. 사람에게 죄가 있으면 죄인입니다. 그 사람에게 있던 죄를 양에게 넘기는 작업이 바로 안수입니다. 안수를 통해 연합하게 합니다. 이렇게 우리가 하나님 앞에 제물이 되기를 원하는 마음을 품으면, 하나님이 우리를 예수 그리스도와 연합을 시켜줍니다. 2천 년 전에 예수님께서 십자가에서 이 작업을 하신 겁니다. 우리는 십자가에서 죽은 적이 없는데, 예수님이 죽은 혜택을 우리에게 적용시키는 겁니다. 아멘.

제사장은 안수를 한 뒤에 죄가 옮겨진 제물의 자연적 생명을 처단합니다. 제물의 모가지를 딱 끊는단 말입니다. 우리가 하나님 앞으로 가려면 두 손 다 들고 가야 합니다. 에덴동산의 타락에 대한 과정을 비유를 통해 제일 잘 이야기한 것이 탕자의 비유입니다. 창세기 3장에서 선악과를 따먹고 하나님을 떠나는 과정이 예수님이 탕자의 비유를 통하여 설명하신 겁니다.

탕자의 비유를 한 번 더듬어 봅시다. 우선 큰 부잣집에 아버지라는 사람이 있습니다. 그 아버지 밑에 두 아들이 있습니다. 둘째 아들, 이게 말썽꾼입니다. 어느 날, 둘째 아들이 아버지한테 와서 이렇게 말합니다. "아버지." "왜 그러냐?" "아버지 언제 죽어?" "야 이놈아 아버지가 오랫동안 살기를 생각하지. 이놈의 새끼가 아버지가 언제 죽다니. 이놈의 새끼야." "아버지가 빨리 죽어야, 아버지가 가진 재산 내 거 될 거 아니야?" "이놈의 새끼가 이거 너 때문에라도 난 더 오래 살 거다. 오늘 내 한약 지으러 간다. 이놈의 새끼야. 나는 100살 더 산다."

둘째 아들이 그렇지 않아도 빨리 죽기를 바라는데 오늘 한약 지으러 간다고 하니까 아버지 재산을 빨리 좀 상속받고 싶어서 "아버지, 못 참겠습니다. 아버지가 죽으면 어차피 나한테 넘겨줄 내 몫, 절반의 재산을 나한테 미리 주세요." "그걸 뭐 하려고?" "나요? 아버지 죽을 때까지 못 기다리겠어." 둘째 아들이 이렇게 싸가지 없이 아버지에게 상속받을 재산을 달라고 하는 것은 착각 때문입니다.

둘째 아들 탕자가 아침에 일어나면, 아버지한테 인사하러 갑니다. 옛날 풍습대로 "아버님 평안히 주무셨나요?" 하고 문안인사를 합니다. 그 탕자가 아버지한테 문안인사를 하고 나오면 그 집안의 모든 종들이 그 탕자 밑에 다 굴복합니다. 둘째 아들 탕자가 7-8살밖에 안 되는 아이일 때도 머리를 조아리면서 다 복종했을 겁니다. 나이가 많은 종이나 힘이 센 종들이 둘째 아들에게 굴복하는 건 둘째 아들이 힘이 있어서가 아닙니다. 그 배후에 있는 아버지의 힘 때문에 굴복하는 겁니다. 이것이 탕자의 비유의 원리입니다. 인간 앞에 마귀가 굴복하고, 인간 앞에 환경이 굴복하고, 여러분과 내 앞에 이 모든 자연과 피조물이 우리 앞에 굴복하는 것은 우리 때문이 아니라 우리 뒤에 계시는 창조주 하나님, 우리의 아버지가 계시기 때문입니다. 아멘.

근데 둘째 아들 탕자가 종들의 행동을 보고 착각합니다. 아침에 일어나서 "여봐라" 그러면 수천 명이 "예" 하는 거는 재미가 있는데, 아침에 아버지한테 인사하러 다니기가 귀찮은 겁니다. 아버지에게 인사하러 가는 게 능력인지 모르고, 아버지 앞에 인사하러 다니기가 귀찮은 겁니다. 아버지와의 관계를 정리하고 싶어서 아버지한테 "아버지! 이제는 아버지 앞에! 나요! 싫어요. 내 거 주세요." 아버지가 "그래 알았다. 이놈의 새끼. 그래? 내준다. 3분의 1 가져가라. 너 가져가 봐라, 이 새끼야. 내일부터 여봐라, 그래봐라. '예' 하는 놈 있나. 여봐라 할 때 '예' 하는 거는 너 때문이 아니다. 너 뒤에 있는 나 때문이다. 그래 한번 경험해 봐라."

그렇게 아버지가 둘째 아들에게 재산을 나눠줍니다. 이게 바로 하나님을 반역하고 선악과를 따먹는 사건입니다. 하나님을 거역한 행위입니다. 이게 창세기 3장에 나오는 건데, 어떻습니까? 딱 탕자의 비유와 맞지 않습니까?

탕자가 아버지 돈을 가지고 아버지가 없는 세상으로 향합니다. 바로 이웃나라로 갑니다. 엄청나게 많은 돈을 가지고 돈을 벌 생각은 안 하고 백지 수표를 날리면서 흥청망청 썼습니다. 그러니 여자들도 따르고 친구들도 따랐습니다. 친구들의 말에 사업한다고 했다가 망하기도 했습니다. 그렇게 시간이 흐른 뒤에 가지고 있던 돈이 다 없어졌습니다. 나중에 돼지 치는 집에 가서 취엄열

매를 먹고 살았습니다. 그러다가 탕자가 '내 신세가 이렇게 됐냐?' 하고 생각했습니다. '우리 아버지 집에 있는 종들은 이렇게는 살지 않는데. 내가 살 길은 하나밖에 없다. 다시 아버지 앞으로 돌아가야겠다.' 그 마음속에 결심을 하고 탕자가 아버지를 떠나갔던 길을 다시 거꾸로 그 길을 돌아서 갑니다. 결국 여러분과 저도 그 길을 돌아서 가는 겁니다. 아멘.

탕자가 아버지의 뜻, 견해, 의지, 주관에 반역한 겁니다. 자기의 독립된 뜻, 견해, 의지를 가지기 위해서 아버지의 품을 떠난 겁니다. 그런데, 다시 아버지께 돌아간다는 것은 자기의 독립된 뜻, 견해, 의지를 내려놓고 가야만 합니다. 아버지가 했던 말씀을 깨닫게 됩니다. "그렇구나. 내가 어린 나이에 '여봐라' 하면 수천 명의 종들이 굴복하는 것이 나 때문이 아니었구나. 아버지 때문이었구나." 이것을 깨닫고 돌아오는 탕자의 모습이 바로 인간이 하나님에게로 가야 되는 과정이란 말입니다.

거룩한 산 제물

우리 산 자가 항상 예수를 위하여 죽음에 넘기라는 것은 고집, 주관, 교만, 그리고 잘난 척하고 하나님 앞에 큰소리치는 그것을 내려놓으라는 겁니다. 믿습니까? 우리 산 자가 항상 예수를 위하여 그것을 죽음에 넘기라고 합니다. **"죽음에 넘기자."** 그러니까 저는 이 말씀을 묵상을 하면서, 내가 항상 '내가 산 제물이 되었나?'를 더듬어 봅니다. '내가 하나님 앞에 내려놓지 못한 게 있는 가? 우리 산 자가 항상 예수를 위해 죽음에 넘기지 못한 게 있는 가? 하나님 앞에 내가 뭘 세운 것이 있는가? 하나님 앞에 독립된 내가 하나님의 뜻 외에 분리된 뜻을 내가 독립해서 세운 것이 있 는가?'를 더듬어 본단 말입니다.

여러분들도 지금 이 시간에 산 제물이 됩시다. 산 제물이 되려 면 하나님 앞에 우리가 다 내려놔야 되는 겁니다. 그것이 살 길이 란 말입니다. 아멘. 그래서 죽음이 전제되어야 합니다.

산 제물에는 2가지 생명이 있습니다. "육체의 생명"과 "자아의 생명"입니다. 육체의 생명은 칼로 찌르면 피가 나옵니다. 육체의 생명을 죽으라고 하면 그건 자살입니다. 여기서 말하는 것은 육체 의 생명이 아니라 자아의 생명, 혼의 생명을 산 제물로 드리라는 겁니다. 혼의 생명을 죽음으로 넘긴다는 것은 자기의 의지를 내려 놓고 하나님의 의지를 따라서 살겠다는 겁니다. 하나님의 말씀과 내 의지가 충돌할 때, 내 의지를 포기하고 하나님의 말씀을 따른 다는 겁니다. 이것이 산 제물로 가는 첫 번째 과정입니다. 아멘.

하나님의 말씀과 내 의지가 충돌하는 것 중에 참 힘든 게 십일 조입니다. 십일조 때문에 하나님의 의지와 나의 의지가 계속 충 돌합니다. 성경에는 십일조를 아주 강조하고 있습니다. 어떤 놈 이 방송국에 나와서 "십일조는 신약에서 없어졌다"라고 하는데, 이건 성경을 모르는 겁니다. **"십일조는 목숨 걸고 하자."** 십일조의 의지 앞에 인간의 의지를 굴복시켜야 됩니다. **"주일성수"**도 마찬가지입니다. 주일에는 무조건 하나님에게 예배드리러 와야 됩니다. 하나님의 의지에 순종해야 합니다. "아이 나는 오늘은 뭐 때문에 안 가. 아이고 오늘은 말이야. 목사님 꼴 보기 싫어 안 가." 그거는 자기 의지로 사는 겁니다. 말씀의 의지 앞에 검을 받아서 고꾸라져야 합니다. 교회에서는 적극적으로 앞자리에 앉아야 합니다. 목사님이 꼴 보기 싫을수록 맨 앞에 앉아야 합니다. 그리고 **"주의 종의 말에 순종하자."** 이렇게 세 가지 내 의지를 내려놓고 하나님의 의지대로 살아가는 것이 청교도 신앙입니다.

1930~40년대에 미국은 아주 좋았습니다. 청교도 신앙의 절정에 오를 때였습니다. 그런데 지금 미국의 신앙은 타락했습니다. 하나님의 촛대가 옮겨집니다. 청교도 신앙이 가득했던 때에는 **"주일성수"**, **"십일조"**, **"주의 종에 순종"**이 있었습니다. 예수를 믿든 안 믿든 간에 미국 사회전체가 주의 종의 권위에 순복했습니다. 그때 미국은 하나님에게 축복을 받았습니다. 그 축복이 이제는 사라져버렸습니다. 우리나라가 자기의 의지를 내려놓고 하나님의 의지대로 살아갈 때 축복이 임하게 됩니다.

'척'하면서 자기를 미화한 사람 중에서 대표적인 사람이 수가성 우물가의 여인입니다. 수가성 우물가의 여인은 창녀입니다. 그 여인이 예수님을 딱 만났습니다. 주님이 지금 수가성 우물가 여인의 가죽을 벗기려고 합니다. 그 여인에게 제사를 집행하려고 하는 겁니다. 예수님은 수가성 우물가의 여인을 사랑해서 그를 제물로 받으려고 그럽니다. 주님이 그를 쓰려고 그런 겁니다. 그를 축복하려고 그런 겁니다. 주님이 제안을 합니다. "여인이여, 물 좀 주세요." 그랬더니, 수가성 우물가 여인이 "흥" 그러면서 어떻게 "유대인이 사마리아 여인 나에게 물을 달라 하나이까?" 묻습니다.

사마리아 사람과 유대인들 사이는 같은 나라인데도 말도 안 했습니다. 유대인들이 사마리아 사람들을 천하게 여겼기 때문입니다. 옛날에 사마리아는 구약 시대에 북이스라엘의 수도였습니다. 그때 나라가 망하면서 사마리아 사람들이 이방인들하고 결혼을 했습니다. 이방인들하고 피를 섞고 살았습니다. 그래서 전통적 유대인들이 사마리아 사람들은 인간 취급도 안 하고 짐승같이 취급했습니다. 그런데 예수님이 여인에게 물을 달라고 한 겁니다. 유대인들이 사마리아 사람을 인간 취급 안 하는데 예수님이 말을 해주니까, 여자로서는 당황스럽고 고마운 겁니다. 그랬더니, 예수님이 하신 말씀이 "물을 달라 하는 이가 누구인 줄 알았다면, 네가 지금 물 달라는 내가 누군지 모르기 때문에 네가 물 달라하는 거 그거 한 개만 가지고 당황스럽게 생각하고 네가 지금 깜짝 놀라는데, 그게 문제가 아니다." "물을 달라 하는 자가 누구인 줄 알았다면, 예수가 누구인 줄 네가 알았다면 오히려 네가 나에게 물을 달라고 했을 것이다." 할렐루야! 예수님이 지금 대화를 끌고 들어가는 겁니다.

그랬더니, 여인이 "아유 참 웃기는 남자 다 봤네. 아이고, 나 참아이고, 나 참 웃긴다. 아니, 나는 우리 조상 야곱으로부터 물려받은 조상들이 준 우물이 여기 있으니까 내가 물을 떠서 그래서 당신에게 대접할 수 있지만. 당신은 지금 보니까 두레박도 없고, 물을 기를 그릇도 없는데, 어떻게 나한테 물을 거꾸로 준다고 그랬냐?" 그러니까 주님이 하신 말씀이 "네가 주는 물, 이 물은 땅에서 나는 샘물이야. 이 물을 먹는 자는 다시 목마르려니와, 내가 너에게 주는 물은 영원히 목마르지 아니하리라." 이건 하늘의 생수를 말하는 겁니다. 지금 여인의 대화와 예수님 대화가 둘이 서로 말이 안 맞는 겁니다. 여인은 육신의 물을 가지고 말하고, 예수님은 영의 물을 가지고 말합니다. 그랬더니, 이제 여자가 뭔진 모르지만, "내가 주는 물을 먹는 자는 다시 목마르지 않다"라고 하니까 여자가 "야 물 중에 그런 물도 다 있냐?' 그럼 그 물을 주세요." 그랬단 말입니다. "하늘의 생수를 주세요." 뭔 뜻인지 모르고 달라는 겁니다. 준다니까 무조건 좋은 건 줄 알고 "주세요"라고 얼른 대답한 겁니다.

그러니까 예수님이 "남편을 불러오라" 이렇게 말했습니다. 이게 뭐냐? 주님이 지금 껍질을 벗기겠다는 겁니다. 양가죽을 벗기겠다는 겁니다. 이 여인 속에는 지금 더러움이 가득 차 있는 겁니다. "남편을 데려오라." 이렇게 말해 주님 말씀의 검을 가지고 껍질을 벗기려고 그랬더니, 여자가 벗는 게 아니라 더 깊이 옷을 가리면서 "남편이 없나이다" 이렇게 딱 잡아 떼버렸습니다. 말씀 앞에 자기의 위선, 자기의 가면을 숨기겠다는 겁니다. "남편이 없다" 그랬더니, 예수님도 참 유머가 대단합니다. 예수님은 보통 세련된 게 아닙니다. "네가 남편이 없다 하는 말이 맞도다." 그렇게 해놓고,

"네가 남편 다섯이 있었고, 지금 네가 데리고 사는 남편은 여섯째 남편이니. 너 남편이 없다는 말이 맞다." 이렇게 이야기합니다.

그러니까 이 여자가 그때서야 예수님은 우리의 배꼽까지도 다 들여다보는 줄 알고, 양의 가죽을 뒤집어써도 소용이 없다는 걸 알고 '나 죽었네' 하는 겁니다. "아유 나 죽었네. 보니까 선지자로 소이다." 이것이 바로 제사법으로 말하면 가죽을 벗는 겁니다. 예수님 앞에 괜히 속의 죄를 감추는 자는 하나님에게 버림을 당하고, 자기 죄를 토설하는 자는 긍휼함을 받는다고 그랬습니다. 여러분, 우리의 위선과 체면과 우리 속에 더러운 것을 토하여 내면, 거기에 불이 떨어진단 말입니다. 제단 위에 불이 떨어진단 말입니다. 성령의 불이 떨어진단 말입니다. 믿습니까? 성령의 불이 안 떨어지는 사람은 회개를 안 하기 때문입니다. 성령의 불이 안 떨어진 사람은 양가죽을 안 벗기 때문입니다. 주께로 나아가 다 내려놔야 합니다. 나의 체면과 위선, 가죽을 다 벗어야 되는 겁니다. 그래야 내가 산 제물이 될 수 있습니다.

말씀의 의지 앞에 내가 벗어진다는 것이지, 말씀의 의지가 없는 회개는 없는 겁니다. **"말씀 없이 회개는 불가능하다."** 말씀이 없는 회개는 하나님이 "가증히 여긴다"라고 그랬습니다. 그냥 막무가내로 "회개하라" 하면 "주여 잘못했습니다. 주여 잘못했습니다" 이렇게만 하는 사람이 많습니다. 그건 하나님이 듣기 싫어합니다. 조목조목 내가 뭘 잘못했는지, 하나님의 말씀 앞에 내가 뭐가 걸렸는지 그 말씀을 붙잡고 회개하란 말입니다. 말씀의 의지 앞에 내 의지를 충돌시킨 그 사건을 회개해야지, 그냥 무조건 회개한다고 "주여 잘못했습니다. 주여 잘못했습니다" 하면 안 됩니다. 회개는 했지만, 뭘 깨닫지도 못하고 말씀의 의지와 자기 의지를 대조도 안 해보고 "주여 잘못했습니다. 주여 잘못했습니다" 이러니까 나가서는 또 그 짓 하는 겁니다.

회개를 하면 그다음에 "피"입니다. 피의 역사가 나타납니다. 가죽을 벗고 각을 떠야 그다음에 피가 나타납니다. 이 피가 예수 그리스도의 속죄의 피라는 겁니다. 이 피를 의지해야 됩니다. 믿습니까? 이 피를 의지할 때 산 제사의 번제가 이루어지는 겁니다. 이런 과정을 통하여 번제가 이루어지는 겁니다.

앞서 말했던 수가성 우물가의 여인을 주님이 '번제'로 이끌어 갈 때에 "남편을 데려오라" 하고 말했을 때, 여자가 거짓말한 겁니다. 자기가 부끄러우니까 창녀생활 했으니까 "남편 없습니다" 이렇게 딱 안 그런 척한 겁니다. 그러자 예수님이 "안 돼. 그래 가지고 너는 번제물이 될 수 없어. 너는 남편이 많이 있어. 지금 있는 자도 너 남편이 아니야" 하면서 말씀의 검을 가지고 파고 들어가는 겁니다. 말씀의 검을 가지고 추적해 들어가는 겁니다. 그러니까 여자가 '아. 도저히 숨길 수 없겠다' 생각하고 "당신은 선지자로소이다. 내가 도저히 숨길 수 없나이다"라고 이야기한 겁니다. 이때 이 여인이 '번제물'이 되어 구원의 역사가 일어나는 겁니다. **"구원의 역사."** 믿습니까? 할렐루야!

누가복음에 보면, 바리새인과 세리가 있습니다. 이 둘이 하나님에게 제사하러 예루살렘에 올라갔습니다. 바리새인은 하나님 앞에 서서 "하나님, 나 좀 보세요. 나요? 나는 나는요. 일주일에 두 번씩 금식해요. 그리고 나는 하나도 잘못한 게 없어요. 그런데 옆에 냄새나는 옷을 입고 온 세리 보세요. 아유 정말, 같이 예배드리기도 정말 힘드네요. 저런 새끼가 왜 여기 와서 예배를 드려요?" 그렇게 기도를 했습니다. 그런데 반대로 여기 있는 세리는 하늘을 우러러 고개를 들지 못하고 가슴을 치면서 기도합니다. "나는 하늘과 땅에 죄를 지었나이다." 이 두 사람이 드린 제사 중에 어느 제사가 열납이 되겠습니까? 세리의 제사가 바로 '번제'가 되는 겁니다.

"가죽을 벗기자." 짐승들의 바깥 표면을 둘러싼 그것이 가죽입니다. 거기에 털들이 붙어 있습니다. 양털이 얼마나 예쁘게 보입니까? 그러나 실제 가죽을 벗기면, 그 안에 더러운 게 들어있습니다. 똥이 들어있습니다. 겉은 예쁜데, 안은 더러우니 위선입니다. **"위선."** 다른 말로 **'체면'**이라 합니다. 또 다른 말로는 **'가면'**이라고도 합니다. 마지막으로 이걸 '척'이라고도 합니다. **"척."** 그런 척, 안 그런 척, 의로운 척, 거룩한 척합니다. 그러나 실상 가죽을 벗기고 그 안을 들여다보면, 더러운 죄를 안고 있습니다. 남한테 손가락질할 것 없습니다. 다 똑같습니다. 좌우의 날선 하나님의 말씀의 검 앞에서 보면, 그 가죽을 벗겨내면 그 속에 들어있는 더러운 것들이 낱낱이 드러나게 됩니다. 숨기고 싶은 자신의 더러운 것들이 드러나니까 목사님의 설교를 싫어합니다.

"잘난 척하지 마. 왜 거짓말해? 왜 그런 척 해? 너 다 알아." 말씀의 검을 가지고 벗겨내니까 다 압니다. 괜히 위선을 떨면 안 됩니다. **"위선의 탈"**을 벗어버려야 합니다. 위선이 인간과 인간 사이에서는 통할지 몰라도 하나님 앞에서는 벌거벗은 것처럼 모두 드러나게 됩니다. 하나님은 불꽃같은 눈동자로 보기 때문에 하나님 앞에서 위선을 떨 수 없습니다. 세상에서 잘났다고 으스대면서 하나님을 우습게 여기지만, 하나님이 공급해주시는 것이 이 세상의 최고라는 걸 알아야 합니다. 여러분, 하나님을 우습게 여기면 안 됩니다. 하나님은 인간의 중심을 꿰뚫어 보신다는 걸 알아야 합니다. 하나님 앞에 위선의 탈을 내려놓아야 합니다.

우리도 탕자의 자세로 하나님 앞에 나가야 됩니다. "나를 품꾼의 하나로 써주소서. 나는 죄인 중에 죄인입니다. 나는 괴수 중에 괴수입니다." 이런 입술의 고백을 외치며 하나님 앞에 나가야 합니다. 탕자가 돌아올 때, 그 마음의 자세를 우리는 가져야 됩니다. 둘째 아들 탕자가 아버지 품을 떠날 때 교만하고 당당하게 지가 잘난 것처럼 "아버지! 나한테 돌아올 몫을 주세요"라고 이야기했습니다. 지가 언제 돈 벌었어? 지가 언제 아버지한테 돈 맡겼어? 그런 자세를 가지고 있는 사람이 있단 말입니다. 하나님 앞에 나와서 남을 정죄하고, 남을 비판하고, 지가 남보다 더 나은 것처럼 목사님까지도 정죄합니다. 그런데 탕자가 아버지께 다시 돌아올 때의 마음은 참 다릅니다. 우리는 이런 마음을 가져야 됩니다. 완전히 엎어져야 됩니다. "아버지, 나를 아버지의 종으로 하나 써주소서. 내 아버지 집에 화장실 청소할게요." 아멘. 아버지께 돌아오면서 "아버지. 내가 가져간 거는 다 잊어먹었는데요. 형님 것 좀 남았어요?" 이렇게 말하지 않았습니다. 두 손 다 들고, 아버지 앞에 엎어졌습니다. 완전히 자신을 벗어버렸습니다. **"벗자."**

　그다음에 **"각을 뜨자"**입니다. 제물이 하나님의 앞에 오면 각을 뜨는 겁니다. 각을 뜬다는 것은 넓적다리는 넓적다리대로, 몸통은 몸통대로, 오른손은 오른손대로, 앞다리는 앞다리대로, 뒷다리는 뒷다리대로, 머리는 머리대로, 칼을 가지고 각을 뜨는 겁니다. 각을 뜬다는 것은 각 부위별로 나누는 것에서 그치는 것이 아닙니다. 구체적으로 나누는 것은 회개할 때 통째로 회개하지 말라는 겁니다. 회개할 때 "하나님 잘못했습니다" 이렇게 통째로 하지 말라는 겁니다. 이건 각을 뜨는 행위가 아닙니다. 각 뜨는 것은 구체적으로 회개해야 되는 겁니다. 내가 어떤 부분이 어떻게 해서 하나님 앞에 잘못됐다는 것을 구체적으로 하는 겁니다. 그런데 보통 회개하는 사람들을 보면, 구체적인 회개가 아니라 "하나님 죄송해요. 하나님 미안해요" 하고 끝냅니다. 이건 안 됩니다. 회개는 구체적으로, 각을 떠야 되는 겁니다. 나의 어느 부분이 잘못됐다는 것을 칼을 가지고 딱 각을 떠야 되는 겁니다. 예를 들어, 내가 예배에 대해서는 어느 정도 하는데 십일조를 안 한다면, 이걸 딱 구분해서 구체적으로 회개해야 되는 겁니다. 아멘. 두리뭉실하게 회개하면 안 됩니다. 회개는 정확하게 각을 떠야 되는 겁니다. **"각을 뜨자."**

　우리가 하나님 앞에 산 제물이 되어 각을 떠야 합니다. 각을 뜨지 않으면 온전한 산 제물이 될 수 없습니다. 이렇게 우리가 하나님의 제단 앞에 나아가 죽고, 가죽을 벗고 각을 떠야 합니다. 하나님 앞에서 나의 모든 삶을 각을 떠서 분별해야 합니다. 보잘것없는 죄인임을 고백하고 "내 안에 있는 모든 것들을 각을 뜨겠습니다" 하고 자신의 뜻을 하나님 앞에 내려놓아야 합니다. 이렇게 각이 떠지는 삶이 이루어질 때 우리가 하나님 앞에 산 제물이 될 수 있습니다.

"하나님이여 나를 제물로 받아 주시옵소서. 하나님이 나를 외면하시면, 나는 갈 데도 없습니다. 아버지가 나를 싫어하시면, 나는 이제는 삶의 의미도 없습니다. 하나님이여, 오직 죽어도 주의 손에 죽고 살아도 주의 손에 살기를 원합니다."

기도

"하나님, 번제단 위로 올라가게 해주세요. 내가 죽고, 가죽을 벗기고, 각을 떠서 하나님 앞에 산 제물이 되게 해주세요. 이러다가 세월이 다 갑니다. 하나님 앞에 시대적 제물이 되게 하여 주시고, 제물에 하나님의 불이 떨어지게 해주세요. 향취가 일어나고 열납의 역사가 일어나게 해주세요. 예수님 이름으로 기도하옵나이다. 아멘."

03

/

소제

레위기 2장 1-6절

¹누구든지 소제의 예물을 여호와께 드리려거든 고운 가루로 예물을 삼아 그 위에 기름을 붓고 또 그 위에 유향을 놓아 ²아론의 자손 제사장들에게로 가져 올 것이요 제사장은 그 고운 기름 가루 한 줌과 그 모든 유향을 취하여 기념물로 단 위에 불사를찌니 이는 화제라 여호와께 향기로운 냄새니라 ³그 소제물의 남은 것은 아론과 그 자손에게 돌릴찌니 이는 여호와의 화제 중에 지극히 거룩한 것이니라 ⁴네가 화덕에 구운 것으로 소제의 예물을 드리려거든 고운 가루에 기름을 섞어 만든 무교병이나 기름을 바른 무교전병을 드릴 것이요 ⁵번철에 부친 것으로 소제의 예물을 드리려거든 고운 가루에 누룩을 넣지 말고 기름을 섞어 ⁶조각으로 나누고 그 위에 기름을 부을찌니 이는 소제니라

제사란 행위를 누가 안 가르쳤는데도 죽은 사람이나 영의 세계나, 이런 쪽에 사람과 접촉을 하려고 할 때는 사람들이 자기도 모르게 제사를 드립니다. 그리고 제물을 드리는 것도 누가 가르쳐 주지 않았는데, 짐승을 제물로 드립니다. 참 이상합니다. 그런데 그런 제사를 통해서는 하나님을 만나지 못합니다. 사람들이 제사를 드리는 건 뭔가를 잡으려고 더듬지만, 허우적거리고 몸부림만 칩니다. 그렇게 인생을 허비하다 끝나는 겁니다.

하나님은 오대 제사의 제단을 통해서 만납니다. 이 제단이 뭔 뜻인지 모르기 때문에 하나님을 만나지 못하는 겁니다. 이 제단이 바로 예수 그리스도입니다. "내가 곧 길이요 진리요 생명이니 나로 말미암지 않고는 아버지께로 올 자가 없어." "천하 인간의 다른 이름으로 구원을 받을 만한 이름이 없나니." 오직 구원을 받을 이름은 예수밖에 없는 겁니다. 그러니까 제단으로 오라는 것은 그리스도 앞으로 오라는 겁니다.

"예수 그리스도 앞으로." 오직 예수 그리스도 앞으로 오지 않으면 하나님은 사람과 안 만나겠다는 겁니다. 예수 그리스도가 십자가에서 못 박혀 죽으면서 단번에, 동시에 이 5가지 제사를 십자가상에서 이루신 겁니다. 가상칠언이라는 말이 있습니다. 예수님이 십자가에 달려서 죽으시기 직전에 하신 7마디의 말입니다. 이 7가지 말이 전부 제사에 속한 겁니다.

"제사." 그러니까 예수 그리스도가 십자가에서 죽으신 것이 바로 하나님이 사람을 만나는 접촉점입니다. **"접촉점."** 여러분의 입에서 예수를 부르지 아니하면, 우리 속에 오대 제사가 이루어질리 없습니다. 예수를 부르지 아니하면, 제사가 이루어지지 아니하기 때문에 그 사람에게는 하나님의 만남이 없습니다. 그러나 반대로 우리가 **"주여"**하고 주님을 부르면, 그 자체가 제사가 되는 겁니다. 할렐루야. 그러니까 우리 삶 전체가 제사에서 제사로 연결된 겁니다.

제사는 먼저 죽음이 전제되는 겁니다. 제사를 지내는 걸 보셨습니까? 제사는 다 죽이는 거잖습니까? 돼지도 죽고, 양도 죽고, 심지어 곡식도 밀가루도 다 빻아서 제사를 지냅니다. 모든 제사는 이렇게 죽음을 전제로 합니다. 우리가 십자가의 제단으로 가는 길 역시 그 자체가 죽음이 전제됩니다.

그럼, 무엇이 죽는 것인가? 사람이 하나님에게로 갈 때 구약 시대는 양을 죽였습니다. 그런데 신약 시대는 양을 가지고 오지 않고, 내 자신이 제물이 되는 겁니다. 영적인 개념입니다. 할렐루야. 로마서 12장 1절을 봅시다.

"그러므로 형제들아 내가 하나님의 모든 자비하심으로 너희를 권하노니 너희 몸을 하나님이 기뻐하시는 거룩한 산 제사로 드리라. 이는 너희가 드릴 영적 예배니라"(롬 12:1).

번제는 구원의 제사입니다. **"구원의 제사."** 하나님 앞에 처음 드리는 제사입니다. 여러분도 죄를 지고, 저도 죄를 지고, 바울도 죄를 지었습니다. 성경에 보면, 예수님 이후로 하나님에게로 가장 가까이 간 사람이 사도 바울이라고 그러는데, 사도 바울도 사도가 되고 성령충만을 받은 뒤에도 바나바와 심히 다퉜습니다. 살짝 싸운 게 아니라 심히 다투었습니다. 전도여행을 같이 안 가잖습니까! 제가 그걸 보고 얼마나 위로가 충만한지 속으로 '아멘' 그랬습니다. 바울도 심히 다투는데 '내가 좀 싸운 게 뭔 문제가 있겠냐' 이거였죠.

그런데 우리가 오대 제사의 순서를 바꾸면 가인처럼 버림을 당합니다. 가인이 하나님 앞에 나갈 때 '소제'를 가지고 나왔기 때문에 망한 겁니다. '소제'는 밀과 곡식으로 드린 제사입니다. 예수님이 "내가 한 알의 밀알이다. 한 알의 밀알이 죽지 아니하면 많은 열매가 맺을 수 없다"라고 말씀하신 제사가 **"소제"**입니다.

깨어짐의 제사

예수님이 십자가에 죽은 사건을 주님은 한 알의 밀알이 죽는 거라고 해서 예수 그리스도의 십자가 사건을 주님은 '소제'라 그랬습니다. "소제"는 예수님의 십자가 사건 안에 5가지 제사가 다 들어가 있다는 겁니다. 레위기 2장 1절을 보면, 누구든지 소제 예물을 여호와께 드리려거든 고운 가루를 드린다고 했습니다. '번제'를 통하여 구원이 이루어졌으면 '소제'를 통하여 박살나야 됩니다. 바짝 깨져야 됩니다. 그냥 곡식은 거칠어서 써먹을 수가 없습니다. 그런데 고운 가루는 보들보들합니다. 거칠지 않습니다. **"보들보들 합시다."** 아멘.

"소제"는 **'깨어짐의 제사'**입니다. 잠자다가 깨는 거 말고 박살난다는 말입니다. 소제의 제물이 곡식입니다. '밀' 이런 겁니다. 이건 구원 다음에 찾아오는 제사인데, 자아의 파쇄를 말합니다. **"자아의 파쇄."** 자아가 박살이 나야 됩니다. 아멘.

요한복음 12장 20-24절을 읽어봅시다.

"명절에 예배하러 올라온 사람 중에 헬라인 몇이 있는데 저희가 갈릴리 벳새다 사람 빌립에게 가서 청하여 가로되 선생이여 우리가 예수를 뵈옵고자 하나이다 하니 빌립이 안드레에게 가서 말하고 안드레와 빌립이 예수께 가서 여짜온대 예수께서 대답하여 가라사대 인자의 영광을 얻을 때가 왔도다 내가 진실로 진실로 너희에게 이르노니 한 알의 밀이 땅에 떨어져 죽지 아니하면 한 알 그대로 있고 죽으면 많은 열매를 맺느니라"(요 12:20-24).

예수님이 내가 한 알의 밀알이라고 했습니다. 그리고 한 알의 밀알이 땅에 떨어져 죽지 아니하면 많은 열매가 맺을 수 없는 것처럼 내가 십자가에서 한 알의 밀알이 되어 소제물이 되리라고 말씀하셨습니다. 요한복음에 보면, 예수님 자신이 십자가 사건을 통해서 단번에 다섯 가지 제사를 동시에 이루어진다고 말씀하신 겁니다. 그래서 밀가루가 깨어짐을 말하는 건데, 우리도 구원받은 이후에는 우리의 겉 사람이 깨어져야 되는 겁니다. 통밀을 가지고 하나님에게 제사할 수는 없는 겁니다. 이 밀은 맷돌 속에 넣어서 갈아야 되는 겁니다. 그래서 고운 가루가 되어야 합니다. 소제는 고운 가루의 제사입니다. 그러니까 하나님 앞에 번제를 통하여 구원받은 사람은 하나님이 맷돌 속에 사람을 집어넣어서 가루를 만들어 가는 겁니다. 맷돌 속에 한번 들어간다고 생각해봅시다. 얼마나 아픈가. 하나님이 우리의 겉 사람을 깨뜨리려고 막 돌려버립니다. 우리는 그걸 섭섭하게 생각하면 안 됩니다. 하나님이 우리를 소제의 제물로 만들려고 그런 겁니다.

"고운 가루가 되자." 통밀은 하나님이 안 받으십니다. 하나님에게 바싹 깨어져서 고운 가루가 되어 제물이 됩니다. 이것이 바로 자아파쇄입니다. **"자아파쇄."** 구원을 받아도 자아가 깨어지지 않는 사람이 있는데, 자아가 깨어져야 됩니다. 자아가 박살나야 됩니다. 이게 번제로 이루어지는 구원 그 다음에 오는 오대 제사의 두 번째 과정입니다. 고운 가루는 겸손입니다. 좋은 가루는 온유입니다. 겸손과 온유. 예수님은 두 성품에 대해서 "나는 마음이 온유하고 겸손하니"라고 말씀하셨습니다. 이것이 바로 주님의 마음입니다.

이 가루는 심령의 상태를 말합니다. 그런데 예수님을 믿는다는 사람을 만나보면, 온유와 겸손의 냄새가 하나도 안 납니다. 전부 통밀입니다. 장로님을 만나도, 집사님을 만나도 교만합니다. 겉으로 교만하고, 속으로 교만한 사람도 있습니다. 속으로 교만한 사람이 아주 무섭습니다. 겉으로는 겸손한 척하는데, 속으로는 엄청 교만한 사람은 뒤끝도 심하고 무섭습니다. 우리의 심령이 박살이 나고, 깨져서 고운 가루가 되어야 합니다. **"고운 가루가 되자."** 고운 가루가 만들어져야 제물이 됩니다.

통밀이 깨져서 가루가 되는데, 거친 가루로는 제사의 제물이 될 수 없습니다. 그래서 고운 가루가 될 때까지 계속 깨어져야 되는 겁니다. 그래서 맷돌에 집어넣고 돌리는 겁니다. 맷돌에 깨어질 때 얼마나 아프겠습니까? 통밀에서 가루가 되는 것은 쉬운 게 아닙니다. 그런데 맷돌에 한 번만 돌린다고 고운 가루가 됩니까? 고운 가루가 될 때까지 계속 돌립니다.

교회에 나오면 하나님에게 구원을 받고 축복받은 삶을 살아야 하는데, 그 축복을 그냥 주시지 않습니다. 오대 제사를 다 거친 뒤에 보상의 제사까지 끝나야 하나님이 하늘 문을 열어 퍼부어주십니다. 그러니까, 오대 제사의 다섯 과정을 무사히 잘 마쳐야 하는 겁니다. 하나님은 오대 제사를 모두 마칠 때까지 기다리고 계십니다. 그때까지 축복의 문을 열지 않는 겁니다.

번제 하나 끝냈다고 멈추면 안 됩니다. 자아파쇄를 통해 깨어져야 합니다. 요령을 피워도 소제의 제물이 되는 길은 오직 자아파쇄밖에 없습니다. 이것이 성경이 말하는 겁니다.

레위기는 하나님과의 교제입니다. 성경의 처음인 창세기는 출발이고, 새 생명입니다. 출애굽기는 '엑소더스' 꺼낸다는 겁니다. 탈출입니다. 새 생명, 구원받은 사람을 꺼낸다는 말입니다. 세상으로부터 꺼낸다는 겁니다. 레위기는 하나님과 교제입니다. 이 교제는 5가지의 원리로 이루어집니다. 그게 바로 오대 제사입니다. 아멘.

우리가 맷돌 안에 들어가서 고운 가루가 되어야 하는데, 어떤 사람은 맷돌에 들어가는 걸 싫어합니다. 오히려 맷돌에 남을 넣고 돌리는 사람이 있습니다. 이런 사람은 자기가 맷돌이라고 자처합니다. 자기 자신이 깨어지고 박살이 나야 하는데 말입니다. 그런데 여러분, 우리가 통밀을 맷돌에 넣어 고운 가루로 만드는 이유가 뭡니까? 하나님에게 고운 가루로 제사를 드리는 거지 않습니까? 고운 가루로 제물이 되어 하나님에게 제사를 드리면, 맷돌이 필요합니까? 안 필요합니까? 필요없습니다. 중요한 건 맷돌이 아니라 바로 우리가 통밀에서 고운 가루가 되는 겁니다. 그냥 돌아다니면서 남의 마음만 아프게 하고 맷돌 노릇만 잘하고 있는 것도 하나님의 도구요, 하나님에게 쓰임 받는 건데, 그것은 불행하게 쓰이는 겁니다. 고운 가루가 되지 않고 남을 갈기 위해서 돌아다니고, 남의 허물만 보는 사람은 영원히 맷돌질을 하다가 나중에 하나님이 맷돌 다 써먹으면 바닷가에 던져버리는 겁니다.

내가 밀알이 되어 깨지는 게 복입니다. 가라지 비유를 살펴봅시다. 하나님이 가라지를 뽑으라고 합니까? 뽑지 말라고 합니까? 뽑지 말라고 합니다. 가라지도 사명이 있는 겁니다. 곡식 옆에서 곡식을 키우는 사명이 있는 겁니다. 사실 가라지가 없으면 바람이 불어 알곡이 다 쓰러집니다. 바람이 불 때 가라지가 1차로 바람을 걸러주는 겁니다. 그 가라지 역할도 사명이 있는 겁니다. 근데 가라지가 어디까지 함께합니까? 타작마당까지 따라갑니다. 똑같이 흉내 냅니다. 처음부터 타작마당까지 곡식을 그대로 따라갑니다. 마지막 타작하는 날에 알곡은 앞에 딱 떨어지고 쭉정이는 바람에 날아가 버립니다. 그리고 주인이 그걸 걷어다가 여름에 모깃불로 피워버립니다. 그래서 우리가 속으면 안 됩니다. 교회에서 마치 알곡인냥 큰 소리치고, 으스대는 사람이 있습니다. 여러분, 우리가 맷돌이 되면 안 됩니다. 우리는 그 맷돌에 박살이 나서 고운 가루가 되어야 합니다. 맷돌이 되어 그렇게 남의 영혼은 키워주고 나중에 하나님에게 버림받으면 안 되는 겁니다.

하나님의 말씀에 바짝 깨어져 그냥 고운 가루가 되어 하나님의 마음에 흡족하면 됩니다. 고운 가루 그다음에 유향이 부어지는 겁니다. 유향의 역사가 나타나는 겁니다. 할렐루야! 여기서 우리가 알아야 할 것이 있는데, 하나님은 통밀에는 유향을 안 부어주십니다. 고운 가루가 되면, 그 가루에 유향을 붓습니다. 이 유향은 예수님의 성품인 온유와 겸손을 의미합니다(마 11:29). 이것은 깨어진 자아에 예수님의 온유와 겸손을 섞는다는 것입니다. 예수님의 겸손과 온유가 우리의 심령 속에 임해야 합니다.

향유가 옥합 안에 있을 때는 향이 나지 않지만, 옥합을 깨뜨리는 순간 향유가 온 방을 가득 채웁니다. 이같이 예수님을 영접해도 모든 인간은 아담의 겉 사람으로 둘러싸여 있습니다. 겉 사람을 그대로 두면, 예수님이 우리 속에 있어도 예수님의 능력이 나타날 수 없습니다. 그래서 하나님은 우리의 겉 사람을 깨기 위해 우리에게 고난을 주십니다. 고난은 우리의 겉 사람을 깨고 우리 속의 예수님을 확대시킵니다. 고난이 오지 않으면, 우리의 겉 사람은 절대 깨지지 않습니다. 고난의 대가를 지불하지 않은 사람은 하나님에게 크게 쓰임 받을 수 없습니다. 우리가 예수님을 믿고 찾아오는 모든 고난은 성령으로 거듭나는 시간이며, 성령의 사람으로 든든히 서가는 과정입니다. 이것은 고난이 아니라 축복입니다. 그러므로 우리는 크고 작은 고난이 찾아올지라도 절대 낙심하지 말고 감사해야 합니다.

유황과 섞은 고운 가루에 기름을 부어 떡을 만듭니다. 기름을 두 번 붓는데, 한 번은 가루를 뭉칠 때 붓고, 또 한 번은 번철에 구울 때 붓습니다. 기름을 부어주는 것을 기름부음이라고 말할 수 있고, '어노인팅(Anointing)'이라고 합니다.

기름을 두 번 붓는 것은 성령이 크게 두 번 임하는 겁니다. 첫 번째 기름을 붓는 것은 **'내적 기름부음'**이라고 합니다. 두 번째는 뭉쳐진 떡을 불에 굽기 위해 붓는 기름입니다. 이것을 가리켜 **'외적 기름부음'**이라고 합니다. 이처럼 사람에게도 성령이 크게 두 번 임하십니다. 첫 번째는 공동체를 하나로 만드는 기름부음입니다. 두 번째는 사역을 위한 기름부음입니다.

사도 바울도 다메섹에서 아나니아로부터 기름부음 받은 게 있고, 안디옥에서도 기름부음을 받았습니다. 안디옥의 기름부음은 사역을 위한 기름부음이었습니다. 그게 어노인팅이란 말입니다. 사도 바울의 성령충만함이 여러분에게도 임해야 됩니다.

떡의 제사

그 다음은 떡의 제사입니다. 깨어지고 기름 부어서 그다음에 뭉쳐서 구우면 떡이 됩니다. 이 떡은 굉장한 능력이 있습니다. 성경에 보면, 기드온에 대한 얘기가 있습니다. 사사기 7장 10-16절을 읽어봅시다.

"만일 네가 내려가기를 두려워하거든 네 부하 부라를 데리고 그 진으로 내려가서 그들의 하는 말을 들으라 그 후에 네 손이 강하여져서 능히 내려가서 그 진을 치리라 기드온이 이에 그 부하 부라를 데리고 군대가 있는 진 가에 내려간즉 미디안 사람과 아말렉 사람과 동방의 모든 사람이 골짜기에 누웠는데 메뚜기의 중다함 같고 그 약대의 무수함이 해변의 모래가 수다함 같은지라 기드온이 그 곳에 이른즉 어떤 사람이 그 동무에게 꿈을 말하여 이르기를 내가 한 꿈을 꾸었는데 꿈에 보리떡 한 덩어리가 미디안 진으로 굴러 들어와서 한 장막에 이르러 그것을 쳐서 무너뜨려 엎드러뜨리니 곧 쓰러지더라 그 동무가 대답하여 가로되 이는 다른 것이 아니라 이스라엘 사람 요아스의 아들 기드온의 칼날이라 하나님이 미디안과 그 모든 군대를 그의 손에 붙이셨느니라 하더라 기드온이 그 꿈과 해몽하는 말을 듣고 경배하고 이스라엘 진중에 돌아와서 이르되 일어나라 여호와께서 미디안 군대를 너희 손에 붙이셨느니라 하고 삼백명을 세 대로 나누고 각 손에 나팔과 빈 항아리를 들리고 항아리 안에는 횃불을 감추게 하고"(삿 7:10-16).

우리가 잘 알고 있는 기드온과 300명의 용사 이야기입니다. 미디안하고 싸울 때, 아말렉하고 싸울 때 300명 용사를 정예부대로 만들어서 무찌른 그 사건입니다. 이 책을 읽는 여러분들이 300명의 용사가 됩시다. 300명 용사가 적들을 무찌른 것처럼 우리가 사탄 마귀를 무너뜨리고 민족 복음화를 이루기를 바랍니다. 할렐루야!

기드온이 용사 300명을 정예부대로 만들고, 적군과 대치하는 상황입니다. 기드온이 부하를 데리고 적군이 있는 곳으로 내려가 봤습니다. 내려가니까 미디안 사람과 아말렉 사람과 동방의 모든 사람이 골짜기에 수경지를 만들어서 누워서 있는데, 그 숫자가 얼마나 많은지 메뚜기 떼 같았습니다. 기드온 군대는 300명이고, 아말렉 사람과 미디안 사람, 동방 사람은 그 숫자를 다 셀 수 없어서 메뚜기 같다고 그랬습니다. 숫자적으로 보면, 300명으로 어떻게 싸워서 이기겠습니까? 당연히 아말렉이 이깁니다. 이스라엘이 이길 수가 없습니다. 그런데 성경을 봅시다. 군대가 많다고 이기는 게 아닙니다.

메뚜기 같은 군대 직영지의 군인들이 집결지에 모여서 작전 하달을 받고 대대별로, 중대별로 텐트를 쳐놓고 싸울 준비를 합니다. 전쟁이 시작되면, 보급이 중요합니다. 물과 양식이 필요합니다. 이런 보급들 중심으로 집결하는 곳이 바로 수경지입니다. 그래서 적군을 노릴 때, 포병들이 수경지를 타깃으로 삼습니다. 수경지 군인들이 모여서 잠자는 데, 기드온이 여기에 숨어 들어갔던 겁니다.

미디안 진중에 숨어서 보니까, 자기들끼리 뭔 얘기를 하는데, 꿈 이야기였습니다. 그 꿈 내용이 이런 얘기입니다. 어떤 한 놈이 저녁에 자다가 꿈을 꿨다는 겁니다. 진중에 보리떡이 굴러 들어왔답니다. 보리떡이 굴러 들어왔는데, 이 보리떡이 장막을 무너뜨렸다는 겁니다. 적들을 칠 때에 영적으로 보리떡이 되어 있는 사람은 이 적진을 치면 이긴다는 겁니다. 이 보리떡이 바로 기드온과 300명 용사입니다. 오늘 말씀으로 말하면, 기드온 300명 용사는 소제가 이루어졌다는 겁니다. 300명의 가슴 속에 소제가 이루어졌다는 겁니다. 여러분과 저도 세상에서 모든 영육 간의 전쟁에서 이기려면, 보리떡이 되어야 합니다. 그런데 보리떡이 되기 위해서는 우리가 깨어져야 합니다. 자기 견해, 의지, 뜻을 깨야 합니다. 이게 박살이 나야 고운 가루가 되고 그 고운 가루에 기름이 부어지고 떡이 되는 겁니다. 통밀로는 절대 떡이 될 수 없습니다. **"우리가 모두 생명의 한 떡이 됩시다."**

보리떡에는 능력이 있습니다. 보리떡 한 덩어리가 굴러가니까 미디안이 박살났습니다. 300명의 생명이 한 의지 앞에 하나가 된 겁니다. 기드온 한 사람의 말 앞에 300명의 생명이 기드온한테 자기 생명을 내놓은 겁니다. 300명 앞에 메뚜기 군대가 다 무너지는 겁니다. 믿습니까? 우리 주님 앞에 다 자기의 생명을 깨뜨려 예수 앞에 던져봅시다. 그러면 우리가 죽는 게 아니라, 도리어 이게 사는 원리입니다. 가정도 마찬가지입니다. 식구들이 다 생각이 다르면 그 가정은 무너집니다. 아빠 생각이 다르고, 엄마 생각이 다릅니다. 아이들도 다 다른 생각을 가지고 있습니다. 독립되는 의견들을 다 가지고 있습니다. 이 독립된 의견들을 각자 다 내세우면 그 집구석은 망합니다. 식구가 생명 공동체가 돼야 됩니다. 자기의 견해, 의지, 뜻은 내려놓고 하나의 뜻으로 통밀을 맷돌에 갈아서 박살이 나서 깨어지면 그 가정은 승리합니다. 아멘. 교회도 마찬가지입니다. 온 성도들이 모두 한 뜻으로 깨지고 박살이 나서 하나의 고운 가루가 될 때 그 교회가 승리합니다. **"생명 공동체가 됩시다."** 이렇게 하나의 생명의 떡이 되면, 우리 앞에 있는 대적들을 다 무너뜨릴수 있습니다. 틀림없습니다. 민족복음화도 이룰 수 있습니다. 아멘.

누룩을 섞지 않는 소제

레위기 2장 5절을 읽어봅시다.

"번철에 부친 것으로 소제의 예물을 드리려거든 고운 가루에 누룩을 넣지 말고 기름을 섞어"(레 2:5).

소제의 예물을 드릴 때 고운 가루에 누룩을 넣지 말라고 말씀하십니다. 누룩은 빵을 만들 때 반죽에 발효시키는 겁니다. 예수님은 바리새인들의 누룩을 주의하라고 말씀하셨습니다(마 16:6). 누룩은 복음이 아닌 모든 잘못된 교훈입니다(고전 5:7-8). 누룩은 예수 그리스도와 대조되는 모든 것입니다. 사람은 육신적으로도 누룩이 들어가 있는 빵을 더 좋아하는 것처럼 누룩은 순간의 재미와 자극이 있지만, 결국 빵을 썩히고 버려지게 합니다. 그러므로 우리는 누룩을 일체 버려야 합니다. 누룩을 퍼뜨리는 자도, 듣는 자도 되어서는 안 됩니다.

오늘날 한국 교회의 적지 않은 목사님들은 설교의 품위를 높이기 위해 설교에 철학의 누룩, 문학의 누룩 등 여러 가지 누룩을 섞습니다. 성도들에게는 목사님의 설교가 박식하게 보일지는 몰라도, 하나님에게는 말씀의 떡을 썩히는 행위밖에 되지 않습니다. 그런 설교는 성령이 후원할 가치가 없습니다. 모든 설교는 예수 그리스도를 중심으로 선포되어야 합니다. 예수 그리스도가 없는 모든 것은 누룩입니다. 말씀이 없는 사람은 누룩 때문에 썩을 수밖에 없습니다. 그러므로 우리는 하나님의 말씀이 채워져서 오직 복음의 순수한 떡 그 자체를 붙잡고 선포해야 합니다.

번제 다음에 이루어지는 소제

아벨과 가인의 제사 중에서 가인과 아벨의 제사는 순서를 바꾸었다고 했습니다. 번제가 전제되지 않은 소제를 드릴 때는 부작용이 일어나는 겁니다. 그래서 먼저 번제가 이루어져야 합니다. 번제 없이 소제로 바로 가면, 하나님이 사람의 생명을 착취하는 것처럼 느껴지기 때문에 박탈감과 공허함을 느낍니다. "나는 그럼 아무것도 아니네?" 이렇게 돼버리는 겁니다. 그렇지만 번제에서 주님이 날 위해 십자가에서 죽어서 피 흘려 내 가슴의 성찬이 이루어진 상태에서 이루어진 소제는 내게 기쁨이 되는 겁니다. 내 생명을 주님께 드리는 것이 최고의 영광으로 느껴지는 겁니다. 믿습니까? 그걸 통하여 하나님은 우리를 더 나은 부활로 이끌어가려고 그럽니다. 할렐루야. 우리의 견해, 의지, 뜻을 내려놓는 것이 바로 혼적 생명을 내려놓는 것입니다. 우리가 번제 없이 이런 말을 들으면, 진짜 엉뚱할 정도가 아니라 이건 정말 말도 안 되는 겁니다. 내 생명을 내놓으라는 게 말이 됩니까?

그것도 인간의 육체 생명보다 더 강한 혼적 생명, 내 의지, 견해, 뜻, 이것을 내려놓으라는 것이 참 어려운 일입니다. 그것이 받아들여질 만한 얘기입니까? 하지만 우리가 이것을 정말 소중하게 생각하기 때문에, 나의 대표 기관이라고 여기기에 하나님은 바로 그 부분에 대해서 칼을 대는 겁니다. "너의 혼적 생명은 하늘나라를 향하여 가는 길에 백해무익한 것이야." 인간의 혼적 생명의 대표기관인 견해, 의지, 뜻은 이미 사단에게 오염되어 있습니다. 못 쓰는 겁니다. 사단에게 감염되어 있기 때문에 폐기처분만이 답입니다. 만약에 나의 견해, 뜻, 생명을 그대로 가지고 있으면, 그 사람은 번제를 통과한 후에도 부끄러운 구원으로 끝납니다.

온전한 소제는 억지로 이루어지는 것이 아닙니다. 율법적으로나 수동적이 아니고, 번제를 통하여 우리에게 성령의 불이 임해서 성령의 도움으로, 능동적으로, 기쁨으로 내가 주님께 생명을 내려놓고도 기뻐서 어쩔 줄 모르는 겁니다. 할렐루야. 나의 삶을 하나님에게 드리는 겁니다. 생명의 교환 원리라고 하나님에게 생명을 주고받는 원리입니다.

성경은 이것을 여러 가지로 표현하는데, 그중에 하나가 부부간의 관계입니다. 처녀의 생명을 말합니다. 처녀의 생명은 깨끗한 몸의 상태로 처녀성을 가진 여자를 처녀의 생명이라고 합니다. 처녀의 생명은 일생에 한 번밖에 없습니다. 처녀의 생명을 남편에게 바치는 겁니다. 이 생명을 남편한테 바침으로, 남자의 생명을 아내가 틀어질 수 있는 겁니다. 자신의 생명을 주면서 동시에 남편의 생명을 가지고 오는 겁니다. 이게 바로 그리스도와 우리와의 관계입니다. "주님, 오늘부로 나의 자아의 생명을, 나의 견해를, 나의 의지를, 나의 뜻을 온전히 예수님의 십자가 앞에 내려놓겠습니다. 사랑하는 주님, 이 모든 것을 내려놓으니 받아주시옵소서." 이런 기도를 드려야 합니다.

초대교회 성도들은 카타콤에서 생활했습니다. 카타콤은 땅굴입니다. 하나님이 역사적으로 예비한 겁니다. 로마가 기독교인을 탄압하고, 특히 네로가 기독교인을 다 잡아 죽일 줄 알고 그 이전에 로마의 시내를 건설하기 위해서 모래를 얻기 위해서 땅굴을 팠습니다. 그게 바로 카타콤입니다. 그 동굴은 꼬리에 꼬리를 물고 파기 때문에 개미집처럼 어디가 어딘지 잘 알지 못합니다. 처음 들어가는 사람은 그곳에 갇히게 됩니다. 못나옵니다. 기독교인들이 사람들의 핍박을 피하고 하나님에게 예배를 드리기 위해서 그곳에 숨어서 지냈습니다. 카타콤에서 식량을 구하기 위해서 나간 성도가 있습니다. 공동체의 생명을 구하기 위해서 한 사람이 갑니다. 다른 생명을 구하기 위해서 자신이 가는 겁니다. 이렇게 완전히 깨어짐의 소제가 있었습니다. 완전한 생명 공동체가 초대교회 때 있었습니다.

완전히 깨어짐의 소제가 이루어질 때 완전히 생명공동체가 이루어집니다. 아멘. 그 안에 사랑의 절정이 이루어집니다. 카타콤이 그야말로 천국입니다. 그러니까 순교자의 영광을 더 크게 생각한 겁니다. 이 땅에 남을 위하여 죽는 것이 가장 영광스러운 것으로 거꾸로 생각하고 서로가 자원하는 겁니다. 생명 공동체를 위해서 서로가 자원하는 겁니다. 이런 걸 생각하고 지금 우리를 바라봅시다. 우리는 멀었습니다. 초대교회의 신앙을 따라가려면 아직도 멀었습니다. 더 많이 깨어져야 됩니다.

초대교회 때에 가능했으니, 지금 우리 시대에도 가능합니다. 첫째, 하나님이 도와주시기 때문에 가능합니다. 둘째는 목사님이 있기 때문입니다. 어떻게 신앙생활을 해야 하는지 목사님을 통해서 말씀하고 있으니 깨닫고 알게 되니 그대로 실천하면 됩니다. 이건 분명히 될 수 있는 겁니다.

"아버지 오늘도 내게 소제가 이루어지게 해 주세요. 내가 고운 가루가 되게 해 주세요. 내 삶이 박살나고 깨어지게 해 주세요. 고운 가루가 되게 해 주세요. 내게 기름을 부어 주세요. 내 가슴속에 오대 제사가 이루어지게 해 주세요. 번제, 소제, 화목제, 속죄제, 속건제가 온전히 이루어져서 하나님과 사람과의 관계가 온전히 서게 하여 주세요. 예수님의 이름으로 기도하옵나이다. 아멘."

04
/
화목제

레위기 3장 1-5절

¹사람이 만일 화목제의 희생을 예물로 드리되 소로 드리려거든 수컷이나 암컷이나 흠 없는 것으로 여호와 앞에 드릴찌니 ²그 예물의 머리에 안수하고 회막 문에서 잡을 것이요 아론의 자손 제사장들은 그 피를 제단 사면에 뿌릴 것이며 ³그는 또 그 화목제의 희생 중에서 여호와께 화제를 드릴찌니 곧 내장에 덮인 기름과 내장에 붙은 모든 기름과 ⁴두 콩팥과 그 위의 기름 곧 허리 근방에 있는 것과 간에 덮인 꺼풀을 콩팥과 함께 취할 것이요 ⁵아론의 자손은 그것을 단 윗 불 위에 있는 나무 위 번제물 위에 사를찌니 이는 화제라 여호와께 향기로운 냄새니라

'**번제**'를 통하여 구원을 받고, '**소제**'를 통하여 자아가 깨어졌으면, 이제 우리에게 필요한 것은 사람과의 관계입니다. 이게 바로 "**화목제**"입니다.

우리는 "화목제사"가 이루어져야 됩니다. 교회에 다니면서 성도와 성도 간의 벽이 있거나 사람을 미워하는 마음을 가슴에 품고 살면, 그 사람은 기도도 응답이 안 됩니다. 그 사람 속에 화목의 제사가 이루어지지 않기 때문입니다. 하나님 앞에 많은 축복을 잃어버리게 된다는 겁니다. 그래서 예수를 믿고 교회를 다니는 성도들은 그리스도 안에서 마음의 벽을 쌓으면 안 되는 겁니다. 그런데 교회에서 보면, 겉으로는 거룩한 척, 착한 척하면서 속으로 그렇게 남을 정죄하고 욕하는 사람들이 있습니다. 하나님이 그런 모습을 보실 때, "야, 너는 아주 대단하다. 너는 아주 거룩하고 착하다" 이렇게 말할 거 같습니까? 하나님이 제일 싫어하는 것 중에 하나가 남을 정죄하는 죄입니다. 하나님 앞에서 정말 하지 말아야 할 겁니다. 여러분, 남을 정죄하는 자리에 절대 서지 마시기 바랍니다. 남을 정죄하면 하나님 앞에 동의를 못 얻습니다.

그러면, 저한테 이렇게 이야기할 겁니다. "목사님, 하는 짓마다 다 꼴도 보기 싫고, 저렇게 사고만 치는데 그걸 가만히 둬요?" 성경을 보면, 그런 사람은 불쌍히 여겨 정말로 마음속에 사랑하는 마음으로 기도해 주라고 그랬습니다. 기도해 주라고 말입니다. 사람을 "정죄"하는 것과 "책망"하는 것과 "권면"하는 것은 다 다릅니다. "정죄"라는 것은 자기 자신도 죄를 지는 겁니다. 정죄, 이건 사람이 하는 일이 아닌 겁니다. 정죄는 "죄를 정한다"는 말인데, 그 사람을 죄인이라고 몰아붙이는 겁니다. 정죄는 사람이 하는 분야가 아니라는 걸 명심해야 합니다.

사람은 책망과 권면을 할 수 있습니다. 그런데, 책망과 권면도 잘 해야 합니다. 책망과 권면을 할 때 그 사람에 대한 사랑이 없는 사람은 책망과 권면도 접어야 되는 겁니다. 그러니까 책망과 권면을 하기 전에 그 사람에 대한 사랑이 불타야 되는 겁니다. 그 불타는 사랑은 영혼에 대한 사랑입니다. 그 사람의 영혼에 대한 깊은 사랑이 없는 사람은 책망하면 안 됩니다. 권면하면 안 됩니다. 책망과 권면은 그 사람을 난처하게 하거나 몰아넣기 위해서 하는 게 아닙니다. 책망과 권면의 기본적인 조건이 그 사람을 살리기 위해서 하는 겁니다. 그러니까 최소한 연민의 정이라도 가지고 있어야 되는 겁니다. 할렐루야. 그것이 밑바탕에 깔리지 않은 상태에서는 책망과 권면을 하면 안 되는 겁니다. 그러니까 우리가 어떤 사람을 책망을 하려는 마음이 딱 들면, 먼저 마음속에 물어봐야 됩니다. '너 그 사람 사랑하냐?' 이렇게 물어봐야 됩니다. **"너 정말로 그 영혼을 사랑하냐?"**

여러분, 책망하기 전에, 사랑의 행위를 먼저 해본 적이 있습니까? 이런 것도 안 해보고 책망부터 시작하려는 마음을 가지고 있는 사람은 나쁜 놈입니다. 지금 내 마음이 그렇다면, 곧바로 **"회개"**하기를 바랍니다. 우리는 책망과 권면부터 앞서 덤빈단 말입니다. 권면과 책망 전에 사랑이, 최소한 인간적인 연민의 사랑이라도 있어야 합니다. 할렐루야. 그래야 우리가 이 책망과 권면을 할 수 있다는 겁니다. 우리가 이렇게 화목제사가 우리 속에 이루어져서, 일단은 우리 속에 담을 쌓는 일이 없어야 됩니다. 내 속에 담쌓는 일이 있으면, 그 사람은 세 번째 제사인 화목제사가 이루어지지 않고 실패하게 됩니다. 실패하면 하나님에게 크게 쓰임받지 못합니다. 여러분 마음속에 사람을 향하여 섭섭한 마음이 있다면, 다 털어버립시다. 그리고 이렇게 기도합시다. "예수 이름으로 명하노니, 섭섭 마귀야! 싹 물러가라. 싹 물러가라." 아멘.

교제의 제사

예수님이 마태복음에서 "너희가 하나님에게 예물을 드리려거든 먼저 형제와 화목하고, 아버지께 예물을 드리라"라고 말씀하셨습니다. 하나님은 형제간에 교제를 아주 중요하게 생각하십니다. 화목제사는 **"용서의 제사"**이고, 곧 그것을 통하여 **"하나님과의 교제"**, **"사람과의 교제"**, **"교제의 제사"**입니다. 이 제사 하나하나가 그냥 지나갈 수 없는 우리 삶 속에 구석구석에서 드려지는 제사입니다.

성경에서 번제, 소제, 화목제, 다 중요한데, 결국은 저도 설명하는 것에 한계가 있습니다. 마지막에는 성령이 톡 쳐주어야 합니다. 마지막에는 성령의 소관입니다. 성령이 역사하실 때 우리가 '아~'하고 깨닫는 겁니다. 이 모든 제사들이 그리스도 밖에서 이루어진 것이 아니라, 자아의 죽음으로 우리가 예수와 연합한 한 뭉치로 다룹니다.

히브리서에 보면, 멜기세덱과 아브라함과의 관계를 설명할 때에 뭐라고 말하는지 아십니까? 히브리서 기자는 아브라함의 후손들에 대해서 말합니다. 아브라함의 12지파, 우리 조상들이 아브라함의 허리에 있을 때, 요즘 말로는 유전자, 성경은 그 당시 언어로 허리 있었다는 말은 최첨단 표현입니다. 우리 조상들이 아브라함의 정자 속에 들어 있을 때 이 말입니다. 이삭이라는 사람이 번제로 죽임을 당하려고 할 때 이삭의 아들 야곱이 이삭의 정액 속에 있었다는 말입니다. 그래서 이삭만 죽은 것이 아니라 이삭 안에 아직 안 태어났던 야곱도 허리에 있었다고 말하는 겁니다. 그래서 같이 제사를 드린 것으로 야곱도 그 죽음에 참여하였다는 히브리서의 표현입니다.

　우리가 예수 그리스도의 십자가를 생각할 때, 이렇게 생각하면 됩니다. 쌍둥이 아이를 가진 여자가 미국을 갈 때 자신의 비자뿐만 아니라 뱃속에 있는 아이들의 비자를 만듭니까? 아닙니다. 뱃속에 있는 아이는 비자가 필요 없습니다. 엄마만 출입국소를 통과하면 되니 엄마의 비자만 필요합니다. 엄마가 통과하면 뱃속의 아이들은 함께 통과할 수 있습니다. 2천 년 전에 예수가 이 땅의 천억의 쌍둥이를 주님이 뱃속에 넣어 놓고 우리의 영적 유전자를, 혼자서 출입국관리소인 십자가를 통과했다는 겁니다. 그러니 예수의 십자가를 주님의 뱃속에 있는 우리도 함께 통과했다는 겁니다. 그리고 그 효과는 성령이 우리에게 열어줄 때 나타납니다. 내가 죽는다고 하는 것도 내가 2천 년 전에 주님의 십자가에서 함께 죽었다는 겁니다. 오대 제사는 2천 년 예수의 십자가의 사건이 따로 있고 지금 내가 따로 만드는 것이 아니고, 2천 년 전에 예수님이 단번에 완성을 하셨는데, 그 때 완성할 때 우리는 그 자리에 있었습니다. 마치 히브리서의 기자가 멜기세덱과 아브라함과의 관계에서 이삭과 야곱은 아브라함의 허리에 있었다는 겁니다. 아브라함이 멜기세덱에게 축복을 받을 때 우리 조상들도 아브라함과 함께 축복을 받았다는 겁니다. 이것을 생물학적으로 표현한 겁니다. 예수님이 2천 년 전에 오대 제사를 완성할 때에 우리가 어디 있었는가? 우리가 예수 그리스도의 허리에 있었습니다. 이것은 생물학적인 유전자가 아니라 영적인 유전자로 우리가 주님 안에 있었다는 겁니다. 주님은 우리가 태어날 것을 이미 알고 계셨습니다. 주님이 십자가에서 죽으실 때 주님 혼자 죽으신 것이 아니라 택함 받은 모든 자들을 주님이 안고 죽으셨다는 겁니다. 우리도 주님과 다 함께 오대 제사에 참여한 겁니다. 그러나 이 말씀을 이해하는 폭은 성령님이 열어 주셔야 가능합니다. "내가 그리스도와 함께 십자가에 못 박혔나니." 성령님이 없어서는 단 한 걸음도 나갈 수 없는 것이 하나님의 말씀입니다. 성령님이 열어 주시면, 우리의 입에서 나오는 것은 감사입니다.

우리는 화목할 능력이 없으나 성령이 2천 년 전에 용서할 수 없는 나를 예수 그리스도가 십자가에서 용서할 때 거기에 우리를 포함시켰다는 것을 열리는 순간 화목할 능력이 임합니다. 우리는 모든 책임을 다른 사람에게 돌리고 옆 사람을 향해 막힌 담을 쌓았는데, 성령이 깨닫게 하심으로 이 모든 것이 이 뻥 뚫리면서 2천 년 전에 나를 향한 화목제물이 열리는 겁니다. 그리고 이제는 '내가 죽을 죄인입니다'라고 고백하며 진정한 화목 제물이 되는 겁니다.

화목제의 3대 화목

화목제를 통해 인간의 무너진 3대 관계에는 화평이 찾아옵니다. 이를 가리켜 '3대 화목'이라고 합니다. 3대 화목은 순차적으로 찾아옵니다. **"진정한 화목제물이 하나님을 향하여"**, **"사람을 향하여"**, **"물질을 향하여"**, 이 3대 화목이 이루어져야 합니다. 그 원천은 내 속에서 힘이 생기는 것이 아닙니다. 내가 짜내서 하는 것이 아닙니다. 내가 연습해서, 노력해서 하는 것이 아닙니다. 훈련하고 공을 쌓고 수고를 해서 용서하는 것이 아닙니다. 성령이 나를 2천 년 전으로 데리고 가서, 내가 용서를 받은 사건으로 데리고 가서 내가 용서받은 사건이 얼마나 놀라운 것인지 깨닫게 하심으로 내 안에서 저절로 용서가 밀려가게 하는 겁니다. 성령이 나를 2천 년 전으로 데리고 가서 '네가 이런 상태였는데 예수님이 너를 용서했다'라고 이야기하는 겁니다. **"이런 너를 용서했다."** 이런 나를 용서했다면, 내가 별스럽지도 않는 것을 걸고 있었고, 그를 용서하지 못한 자체가 죄인이라는 것을 깨닫게 되고 진정한 용서를 하게 된다는 겁니다. 할렐루야!

우리 속에 진정한 용서의 복음, 화목의 복음이 안 되는 것은 2천 년 전의 성령의 빛이 부족하기 때문입니다. 우리는 성령의 빛을 구하여서 단 한 사람도 용서하지 못하는 사람을 담아두는 것이 없어야 합니다. 우리는 화목제물이 온전하게 이루어져서 성령의 교통이 활발하게 움직일 수 있도록 축도할 때 축도의 능력이 지금은 우리 그리스도의 은혜와 하나님의 사랑과 성령의 교통하심이, 교제에는 성령의 교통하심이 있어야 합니다. 모든 범사에 성령의 교통함이 있어야 합니다. 진정한 교제의 성령의 교통함은 내가 화목제물에 머물러 있을 때 성령이 흐르십니다. 우리는 오대 제사의 연속성에 삼킨 바 되어서 우리의 삶이 오대 제사가 되어서 향기가 흘러갑니다. 우리 속에서 늘 향기가 진동해야 합니다.

"주는 그리스도시오, 살아계신 하나님의 아들이십니다." 베드로의 이 고백에도 주님은 "이를 알게 하신 분은 네가 아니라 네 속에 있는 성령님이시다"라고 말씀하십니다. 성령께서 깨닫게 해주셔야 한다는 겁니다.

첫 번째, **"하나님과의 화목"**입니다. 3대 화목 중 가장 중요한 것이 하나님과의 화목입니다. 제일 먼저 하나님과의 담이 허물어져야 합니다. 하나님과의 화목 안에는 모든 것의 화목이 들어 있습니다.

두 번째, **"사람과의 화목"**입니다. 교회를 다니면서도 성도들 중에 남을 미워하는 마음들이 있습니다. 용서하지 않는 마음이 있으면, 기도하는 제목들이 응답되지 않고 삶의 기쁨과 축복이 없어집니다.

용서는 상대방을 위해서 하는 것이 아니라, 나 자신을 위해서 하는 것입니다. 용서하지 않으면, 피해를 두 번 봅니다. 첫째는 상대방에게 당한 것 때문에 피해를 보고, 둘째는 상대방에 대한 보복심 때문에 마음과 육신의 병이 생겨서 피해를 봅니다. 그뿐만 아니라, 용서하지 않는 사람은 하나님을 볼 수가 없습니다(히 12:14). 그래서 하나님은 예물을 드리기 전에 용서하지 않은 형제가 있다면, 예물을 앞에 두고 먼저 가서 형제와 화목하라고 말씀하셨습니다(마 5:23-24). 용서는 진심으로 해야 합니다. 진심으로 용서한다는 것은 상대방이 내가 그를 용서했다는 것을 느끼도록 용서하는 것입니다.

세 번째, **"물질과의 화목"**입니다. 하나님과의 관계와 사람과의 관계가 회복된 사람은 물질, 환경, 모든 사건에 대한 화목이 회복됩니다. 사람과 물질 간의 화목을 대표적으로 나타내는 것이 신약 빌립보서의 바울과 빌립보 교회와의 관계입니다. 사도 바울은 빌립보 교인들이 헌신한 선교헌금에 대하여 하나님이 받으시기에 기쁘고 향기로운 제물이라고 말합니다(빌 4:18-19). 이는 곧 화목제를 가리킵니다. 바울이 빌립보 교인들에게 받은 선교비가 화목제인 것처럼, 우리가 물질적으로 구제하고 돕는 행위 자체가 화목제입니다. 번제와 소제를 통해서는 인간에게 한없는 영적인 축복이 찾아오는 반면에, 화목제를 통해서는 한없는 물질적 축복이 찾아옵니다.

3대 화목이 임하는 방법

요한복음 6장 38-40절을 읽어봅시다.

"내가 하늘로서 내려 온 것은 내 뜻을 행하려 함이 아니요 나를 보내신 이의 뜻을 행하려 함이니라 나를 보내신 이의 뜻은 내게 주신 자 중에 내가 하나도 잃어버리지 아니하고 마지막 날에 다시 살리는 이것이니라 내 아버지의 뜻은 아들을 보고 믿는 자마다 영생을 얻는 이것이니 마지막 날에 내가 이를 다시 살리리라 하시니라"(요 6:38-40).

하나님은 화목제를 통하여 사람에게 3대 화목을 주고 싶어 하십니다. 하지만 하나님은 사람과 일대일로 화목을 이루지 않으십니다. 오직 예수 그리스도를 통하여 화목을 이루십니다(엡 2:13-14). 우리가 하나님과 화목하려면, 모든 제사의 주체이신 예수 그리스도 안으로 들어가야 합니다. 그렇다면 예수 그리스도 안으로 들어가려면, 예수 그리스도를 알아야 합니다. 하나님의 뜻은 예수 그리스도를 아는 것입니다.

예수님을 안다는 것은 예수님을 **'복음의 7대 연합'**으로 아는 것입니다. 복음의 7대 연합은 복음이신 예수님이 인간을 구속하기 위해 행하신 일곱 가지 사건을 의미합니다. 탄생, 고난, 죽음, 부활, 승천, 재림, 천년왕국입니다. 이 일곱 가지를 알고 이와 연합되는 것을 가리켜 '예수님을 아는 것'이라고 말합니다. 예수님을 복음의 7대 연합으로 아는 사람은 예수님이 화목제물로 죽으셔서 자신이 용서받았음을 알게 됩니다. 이렇게 복음에 빚진 사람은 자신이 예수님으로부터 용서받은 것을 생각하고, 용서할 수 없는 모든 사람과의 벽을 허뭅니다. 사람은 자신의 힘으로 용서할 능력이 없습니다. 이때 우리는 십자가를 바라보아야 합니다. 십자가가 보이면, 남이 나에게 피해를 준 것이 작아 보이고, 사람에 대하여 담을 허물 수 있는 능력이 생깁니다. 반대로 생각하면, 내가 사람을 용서할 수 없다는 것은 그 순간만큼은 예수님의 복음의 빛을 놓친 것입니다. 사람이 용서할 수 없는 것은 그 사람의 인격과 이해의 폭이 부족해서가 아니라, 복음의 빛을 잃었기 때문입니다. 그러므로 담이 허물어지지 않는 사람은 예수님의 십자가를 바라보아야 합니다.

바울과 빌레몬, 그리고 오네시모

화목제사에 대해서 성경에 잘 기록된 성경이 하나 있는데, 빌레몬서입니다. 빌레몬서는 옥중서신인데, 옥중서신이라는 것은 사도 바울이 감옥에 갇혔을 때에 바깥으로 편지로 설교한 것입니다. 옥중서신은 에베소서, 빌립보서, 골로새서, 그리고 빌레몬서입니다. 사도 바울이 로마의 감옥에 갇혔습니다. 사도 바울 곁에서 함께한 디모데도 감옥에 들어갔습니다. 이들이 감옥에 갇힌 것은 다 복음 때문입니다.

감옥에서 오네시모라는 사람을 만났습니다. 오네시모는 바깥의 세상에서는 종이었습니다. 주인집의 큰돈을 훔쳐가지고 도망 갔다가 잡혀가지고 감옥에 들어간 사람입니다. 이 오네시모가 종 살이한 곳이 성경의 제목이 된 빌레몬의 집입니다. 빌레몬은 큰 부자였습니다. 로마의 감옥은 평범한 죄인을 가두지 않습니다. 로마의 옥에 가두는 죄는 사람을 죽이거나 국가적인 역모를 하거 나 중범죄에 해당하는 사람을 가두는 곳입니다. 다른 죄들은 총 독들의 재판에서 다 끝납니다. 그런데 사도 바울은 어떻게 로마 의 감옥에 갇히게 된 것일까? 사도 바울은 복음을 전하다가 재판 을 받았습니다. 그 죄목이 "로마 가이사 황제를 거역했다"는 겁니 다. 그러니까 시대적인 사상범이란 말입니다.

사도 바울이 아그립바 총독으로부터 시작해서 재판을 여러 단 계를 받아서 알렉산드리아에 오는 배를 타고 로마를 가서 로마의 옥에 갇히게 된 겁니다. 거기서 사도 바울이 오네시모를 감동시 켜 복음이 들어가게 했습니다. 감옥에서 사도 바울을 통해 복음 이 들어간 오네시모는 변화가 됐습니다. 사도 바울은 이렇게 감 옥에서도 전도를 했습니다. 여러분, **"감동으로 복음을 전합시다."**

오네시모가 "선생님, 선생님은 뭐하다가 오셨어?" 사도 바울이 그랬습니다. "나는 사실 여기에 들어올 입장이 아니었습니다." "왜 들어왔어요?" "내 이름은 바울이야." 오네시모도 세상에서 들 었던 이름입니다. 천하를 소동케 한 예수의 제자, 다메섹 도상에 가다가 예수를 만난 바울의 소문을 들었습니다. "당신이 정말 바 울 맞아?" "내가 바울입니다." "그런데 왜 당신은 듣기에 세상에서 젊은 나이에 공부도 잘하고 사법고시도 합격하고 그리고 아주 유망한 사람이라 들었는데. 그 왜 예수라고 하는 이단한테 걸려가지고 인생을 왜 그렇게 사냐?"라고 물었습니다. 사도 바울이 "그 이유를 내가 설명해 드릴까?" 해서 사도 바울이 오네시모에게 복음을 전하는 겁니다. 할렐루야. 이 오네시모가 사도 바울의 진지한 복음전함을 듣고 거기서 홀까닥 뒤집혀서, 감옥에서 바울한테 세례를 받고 사도 바울의 수제자가 된 겁니다. 사도 바울은 오네시모를 '감옥에서 낳은 아들이다'라고 합니다.

빌레몬서 1장 1-3절을 읽어봅시다.

"그리스도 예수를 위하여 갇힌 자 된 바울과 및 형제 디모데는 우리의 사랑을 받는 자요 동역자인 빌레몬과 및 자매 압비아와 및 우리와 함께 군사 된 아킵보와 네 집에 있는 교회에게 편지하노니 하나님 우리 아버지와 주 예수 그리스도로 좇아 은혜와 평강이 너희에게 있을찌어다"(몬 1:1-3).

그 다음에 9-10절을 한 번 읽어봅시다.

"사랑을 인하여 도리어 간구하노니 나이 많은 나 바울은 지금 또 예수 그리스도를 위하여 갇힌 자 되어 갇힌 중에서 낳은 아들 오네시모를 위하여 네게 간구하노라"(몬 1:9-10).

여기에 사도 바울이 갇힌 중에서 낳은 아들이라고 했습니다. 할렐루야. 사도 바울이 복음을 다 증거하고 오네시모가 예수를 믿고 세례를 받고 그 감옥이 변하여 교회가 됐습니다. 사도 바울이 가는 곳은 감옥이 변하여 교회가 되는 겁니다. 사도 바울이 오네시모의 신상에 대해서 물어봤습니다. "젊은이. 젊은이는 여기를 어떻게 오게 됐어?" 오네시모가 숨김없이 이야했습니다. "나는요, 어디 사람이냐 하면요, 나는 우리 주인이요." 사도 바울을 깜짝 놀라게 하는 겁니다. "우리 주인이요. 굉장히 큰 부자였었어요." "근데, 주인의 이름이 누구야?" 그랬더니, 뭐라고 했냐면 "빌레몬이다"라고 하는 겁니다.

빌레몬이 누구냐면, 사도 바울이 복음을 전해준 바울의 제자란 말입니다. 사도 바울이 "뭐 빌레몬? 주소 한번 얘기해 봐." 맞춰보니까 딱 맞는 겁니다. "그래서 빌레몬하고 어떻게 됐다고?" "내가 거기서요 맞머슴이었습니다. 맞머슴. 그런데 내가 욕심이 생겨 가지고 그 돈을 훔쳐서 도망가다 잡혔는데, 내가 지금 감옥에 갇혔어요." 그래서 사도 바울이 그 오네시모를 향하여 "빌레몬은 나의 수제자다 수제자"라고 말했습니다. 이렇게 옥중에서 삼각관계가 이루어졌습니다.

바울과 빌레몬, 그리고 오네시모입니다. 빌레몬과 오네시모는 바울의 제자입니다. 바울과 빌레몬은 생명을 나눈 사이입니다. 서로 생명을 주고받은 사이라고 합니다. 바울과 오네시모는 감옥에서 생명을 나누는 사이입니다. 그런데 문제는 빌레몬과 오네시모와의 관계입니다. 처음에는 주인과 종의 관계였는데, 오네시모가 빌레몬의 재산을 가지고 도망가면서 원수가 된 겁니다. 빌레몬이 오네시모를 잡으면 죽이려고 그럽니다. 당시에 종이 주인의 재산을 훔쳐서 도망가면 당연히 잡아다가 죽였습니다. '이놈의 새끼 말이야.' 때려 죽이려고 그럽니다. 그리고 오네시모도 잘 알기 때문에 빌레몬이 무서워서 가까이 가지를 못 합니다. 이 중간에 화목 제물의 중재자 역할을 하는 사람이 바울입니다. 할렐루야.

빌레몬은 오네시모를 용서할 수가 없습니다. 빌레몬은 자기의 힘으로 오네시모를 당장 죽여 버려야 됩니다. 그래서 사도 바울이 오네시모가 감옥을 나갈 때 오네시모의 손에 사도 바울이 빌레몬에게 쓴 편지를 줍니다. 이 편지가 바로 빌레몬서입니다. 사도 바울이 먼저 빌레몬에게 비행기를 태웁니다. "사랑한다. 뭐 한다. 뭐 한다." 이렇게 말입니다. 쭉 칭찬해 놓고, "그런데 내가 옥중에서 낳은 아들이 하나 있는데, 이름이 오네시모다"라고 했습니다. 빌레몬이 편지를 딱 받아 읽는 데 보니까, '이게 오네시모 때려죽일 놈인데 이게 어떻게 또 예수를 믿은 건지. 때려죽일 놈인데, 이게 왜 예수를 믿었느냐' 이겁니다. 그래서 사도 바울이 "너와 오네시모와의 관계로써는 도저히 그를 용서할 수 없으나, 네가 나에게 빚진 것이 있지 않느냐?" 복음으로 빚진 거 말입니다. "나를 봐서. 나에게 신세를 진 걸 생각해서 오네시모를 용서할 수 없겠느냐? 내가 너를 위해서 금식기도 해줬지. 내가 너를 위해서 철야기도 해줬지. 내가 너를 위해서 한 수고를 생각하면 너에게 명령으로 용서해! 오네시모를 용서해." 이렇게 명령도 할 수 있으나, 사도 바울이 빌레몬보다 더 밑에 자리에 내려와서 간구한다고 그랬습니다. "간구하노니 옥중에서 낳은 오네시모를 이 편지를 받는 즉시 용서하라." 아멘. 이 편지를 받고 난 뒤에 빌레몬이 갈등이 생기는 겁니다.

편지를 보면 바울 생각이 나고, 편지를 가지고 나온 오네시모를 보면 원투펀치가 그 자리에서 나가고 싶은 갈등이 생기는 겁니다. 빌레몬이 오네시모를 보고 자신의 마음을 접고, 사도 바울이 편지에 간구한 것처럼 도저히 용서할 수 없는 오네시모를 용서를 하게 됩니다. 아멘. 그리스도 안에서 '화목제'를 위하여, 여러분과 저도 용서할 수 없는 사람이 있겠죠. 내 마음의 감정과 상태로는 영원히 저놈은 용서할 수 없는 사람이 있겠죠. 당연히 용서할 수 없을 겁니다. 우리는 그렇게 큰 사람이 못 되니까 말입니다. 그럴 때 우리는 예수님의 십자가를 봐야 됩니다. 우리의 힘으로는 사람을 용서할 능력이 없습니다. 용서하기 정말 힘듭니다. 그럴 때 내가 용서받은 주님의 십자가를 보고, 그 용서를 생각하고 우리에게 용서할 수 없는 사람의 벽을 허물자는 겁니다. **"화목제가 이루어지게 하라."** '화목제'가 우리 속에 이루어져야 합니다. 우리 인생이 100년이라고 하는데, 그거 끝나면 영원한 시간이 찾아옵니다. 영원한 시간에 비하면 100년은 금방 지나가 버립니다. 우리가 마귀한테 속으면 안 됩니다. 다 용서합시다. **"용서합시다."** 벽을 허물고 용서합시다.

용서를 안 하면, 두 번 피해를 봅니다. 첫 번째 피해는 그놈한테 피해를 본 겁니다. 두 번째 피해는 그놈한테 당한 것 때문에 보복

하는 마음을 가지게 될 때 내 몸에 좋지 않은 호르몬들이 나오면
서 피해를 보는 겁니다. 성경에서 원수까지도 사랑하라고 말씀하
셨습니다. 이건 원수를 위해서 사랑하라는 게 아니라 그 원수를
사랑하는 내 자신을 위해서 사랑하라는 겁니다. 나에게 '화목제'
가 이루어질 수 있도록 말입니다. 할렐루야.

기도

"주님, 내 속에 화목제가 살아 있게 하여 주세요. 내가 용서
못할 사람이 어디 있습니까? 나도 주님 앞에 서면 같은 사람이
고. 나는 누구를 정죄할 권리도 없습니다. 나는 누구를 책망과
권면하기 전에 그를 향한 사랑하는 마음이 심히 적었습니다. 주
님, 용서하여 주세요. 오늘 주님을 생각하고 나는 다 내려놓겠
습니다. 먼저 내 죄를 고백합니다. 용서하여 주시옵소서. 용서
하지 못한 죄를 용서하여 주시옵소서. 용서하지 못한 나의 편협
한 마음을 용서하여 주시옵소서. 이 시간에 사단의 거처가 다
떠나가길 원합니다. 내 속에 용서하지 못하는 사단의 거처가 떠
나가길 원합니다. 화목제물로 열납하여 주시옵소서. 예수님의
이름으로 기도하옵나이다. 아멘."

05

/

속죄제

레위기 4장 1-12절

[1]여호와께서 모세에게 일러 가라사대 [2]이스라엘 자손에게 고하여 이르라 누구든지 여호와의 금령중 하나라도 그릇 범하였으되 [3]만일 기름 부음을 받은 제사장이 범죄하여 백성으로 죄얼을 입게 하였으면 그 범한 죄를 인하여 흠 없는 수송아지로 속죄 제물을 삼아 여호와께 드릴찌니 [4]곧 그 수송아지를 회막문 여호와 앞으로 끌어다가 그 수송아지 머리에 안수하고 그것을 여호와 앞에서 잡을 것이요 [5]기름 부음을 받은 제사장은 그 수송아지의 피를 가지고 회막에 들어가서 [6]그 제사장이 손가락에 그 피를 찍어 여호와 앞 곧 성소 장 앞에 일곱번 뿌릴 것이며 [7]제사장은 또 그 피를 여호와 앞 곧 회막 안 향단 뿔에 바르고 그 송아지의 피 전부를 회막문 앞 번제단 밑에 쏟을 것이며 [8]또 그 속죄 제물 된 수송아지의 모든 기름을 취할찌니 곧 내장에 덮인 기름과 내장에 붙은 모든 기름과 [9]두 콩팥과 그 위의 기름 곧 허리 근방에 있는 것과 간에 덮인 꺼풀을 콩팥과 함께 취하되 [10]화목제 희생의 소에게서

취함 같이 할것이요 제사장은 그것을 번제단 위에 불사를 것이며 [11]그 수송아지의 가죽과 그 모든 고기와 그 머리와 다리와 내장과 [12]똥 곧 그 송아지의 전체를 진 바깥 재 버리는 곳인 정결한 곳으로 가져다가 불로 나무 위에 사르되 곧 재 버리는 곳에서 사를찌니라

인간이 타락하면서 하나님과 헤어지게 되었고, 인간은 하나님과 영원히 분리되었습니다. 하나님과 인간이 헤어지고 원수가 된 겁니다. 하지만 하나님이 인간에게 만날 기회를 주셨습니다. "나를 만나려면 제단으로 와라!" 하나님께서 제단으로 와야 만나주신다고 정확하게 말씀하셨습니다.

제단에서 하나님을 만나는 행위가 바로 오대 제사입니다. 그래서 오대 제사는 굉장히 중요한 겁니다. 각 제사마다 원리의 말씀들이 중요합니다. 오대 제사를 할 때마다 항상 이 앞의 각을 먼저 떠야 합니다. 시간이 걸려도 다시 해야 합니다. 교육은 반복입니다. 했던 말을 다시 하는 것을 주저하지 말고, 또 하고, 또 해야 합니다. 여기에 능력이 있습니다. 마귀에게 절대로 속으면 안 됩니다. 마귀는 한 번 한 것 또 하지 말라고 합니다. 그러나 한 말을 또 하고 또 해야 합니다.

"나를 만나려면 무조건 제단으로 와라, 제단이 아니면 나를 만날 수 없다." 이 제단이 누구입니까? 바로 예수 그리스도입니다. 그리스도 외에는 그리스도 안에 오지 않는 사람은 하나님이 만나

지 않겠다는 겁니다. '다 예수 안에 들어와라.' 예수를 믿어야 합니다. 하나님을 만나려면 예수를 만나야 합니다. 예수님 외에는 다른 자가 없습니다(행 4:12).

앞서 이야기한 것처럼 제단의 3대 요소는 **"제물, 제단, 제사장"** 입니다. 그런데 이 3대 요소를 다 가지고 있는 분이 있습니다. 바로 예수입니다. 제물 되신 예수, 십자가의 제단 되신 예수, 제사장 되신 예수입니다. 예수 그리스도를 믿는 우리가 이 제단에 참여할 때 제물을 가지고 가면 어김없이 하나님은 제사장을 통하여 안수를 시키십니다. 안수는 그리스도와 제물과 인간의 연합입니다. 우리도 그리스도처럼 우리 자신이 제물이 되는 겁니다. 예수 안에 들어가서 그리스도와 연합하여 우리가 제단이 되는 겁니다. 우리 자신이 제사장이 되는 겁니다. 이 원리를 기초로 깔고 우리는 오대 제사를 진행하는 겁니다. 할렐루야!

예수 그리스도는 오대 제사를 단번에 다 이루셨습니다. 주님의 십자가 안에 이 5개의 제사가 다 들어가 있습니다. 예수 그리스도의 십자가 하나 속에 "번제", "소제", "화목제", "속죄제", "속건제", 이 5개의 제단이 한 번에 이루어졌는데, 우리들도 그리스도와 제대로 연합하면 우리 속에도 이 오대 제사가 이루어집니다. 우리 삶 전체를 통하여, 우리가 존재로부터 시작하여 우리가 잠자고 일하고 생각하는 모든 것이 다 오대 제사 안에서 이루어지게 했다는 겁니다.

하나님과의 관계를 회복하는 제사

번제는 사람의 원죄를 해결하는 제사입니다. 사람은 원죄가 있습니다. 내가 이 세상에 태어나서 지은 죄 말고 태어나기 전에 지은 죄입니다. 근데 원죄가 해결되는 사람은 구원의 역사가 일어나서 구원의 제사라고 말할 수 있습니다. 두 번째 제사인 소제는 곡식과 돈으로 하나님께 드리는 제사로 구원받은 사람이 성화되는 깨어짐의 제사입니다. 세 번째 화목제는 관계의 제사입니다. 하나님과 관계, 사람과 관계 등 관계의 화목을 이야기합니다.

"번제", "소제", "화목제"까지 이룬 여러분, 이번에는 "속죄제"입니다. 속죄제는 **자범죄**를 해결하는 제사입니다. 이건 원죄가 아니라 자범죄에 대한 제사입니다. 구원을 받고 난 뒤에 하나님의 자녀가 된 뒤에 실수하고 범죄한 자범죄입니다. 이것은 **하나님과의 교제를 회복하기 위한 제사**입니다. 창세기 2장 17절과 고린도후서 4장 11절을 읽어봅시다.

"선악을 알게하는 나눔의 실과는 먹지 말라 네가 먹는 날에는 정녕 죽으리라 하시니라"(창 2:17).

"우리 산 자가 항상 예수를 위하여 죽음에 넘기움은 예수의 생명이 또한 우리 죽을 육체에 나타나게 하려 함이니라"(고후 4:11).

모든 제단은 죽음을 전제로 하는 것이기에 죽음이 없는 제사는 없습니다. 그 이유는 선악과 사건으로 인간은 하나님 앞에 인간의 뜻이 살게 되었습니다. 인간이 죽을 때 인간의 뜻이 죽고 하나님의 뜻이 살아나게 됩니다. 그래서 제단에서 인간은 제물이 되어야 합니다. 그러나 인간은 스스로 죽을 힘도 없기 때문에 우리는 믿음으로 그리스도 안에 들어가서 죽는 겁니다. 예수가 우리를 도와주지 않으면 우리는 죽을 길도 없고, 힘도 없고, 자격도 없습니다. 할렐루야!

하나님과의 관계가 불편해지는 이유

인간에게는 원죄와 자범죄가 있습니다. 아담과 하와가 선악과를 따먹음으로 원죄가 생겼고, 매일 인간이 살면서 짓는 죄를 자범죄라고 합니다. 구원받은 성도들이 주님을 향하여 한 걸음씩 걷다보면, 때때로 넘어지고 죄를 범할 때가 있습니다. 아니 많습니다. 원죄는 해결된 상태라서 천국에 가지만, 이 죄들은 천국에 갈 때까지 하나님과의 교제에 걸림돌이 됩니다. 하나님과의 관계가 불편해집니다. 그리고 제일 먼저 오는 현상이 신앙생활에 기쁨이 사라져 버립니다. 하나님과의 교제의 제사가 무너진 겁니다. 세상의 기쁨은 조건과 환경에 따라 변하지만, 우리 속에 일어나는 기쁨은 세상의 기쁨과는 다릅니다. 하늘에서 내려오는 하나님과의 교제의 기쁨입니다. 성령을 통하여 나타나는 기쁨입니다. 그런데 하나님과의 교제가 불편해지니 당연히 삶에서 기쁨이 사라지는 겁니다.

하나님과의 교제가 정상적으로 이루어질 때는 인간의 언어로 설명이 불가능합니다. 이건 각자 개인이 체험하는 길밖에 없습니다. 하늘로부터 기쁨의 영이 부어지는 것이기 때문에 이건 성령이 하는 영역입니다. 우리가 하나님에게 기도하는 것도 우리가 하는 것 같지만, 기도는 사람의 힘으로 하는 게 아닙니다. 하나님과의 교제가 정상적으로 이루어질 때 자연스럽게 일어나는 현상입니다. 성령이 역사하는 겁니다. 그런데 하나님 앞에서 우리가 죄를 범하면 하나님과의 교제가 흔들리기 때문에 기도가 무너지는 겁니다. 기도가 안 되는 겁니다. 머리만 숙이고 몇 마디 되풀이하다가 딴 생각을 합니다.

하나님과의 교제가 무너진 사람은 얼굴빛이 좋지 않습니다. 가인이 동생 아벨을 죽이고 나서 얼굴 색깔이 변했다고 했습니다. 그리고 하나님과의 교제가 무너지면, 만사가 귀찮아집니다. 교회를 가는 것도 귀찮고, 사람을 만나는 것도 귀찮고, 만사가 귀찮아서 소원이 빨리 죽었으면 좋겠다고 생각합니다. 하나님과의 교제가 끊어지니 생명력을 잃어버린 겁니다.

이렇게 하나님과의 교제가 끊어지면 신앙생활은 물론, 일상생활도 힘들어집니다. 나의 자범죄를 기억하고 빨리 회개의 자리로 가서 속죄제사를 드려야 합니다. 나와 하나님과의 사이에 걸리는 것이 무엇인지 기억해야 합니다. 만약 기억나지 않을 때 그것을 놓고 기도해야 합니다. 이게 해결이 돼야 합니다.

하나님은 우리의 범죄에 대하여 강력하게 가르쳐 주실 때도 있지만, 하나님도 사람처럼 인격이 있어서 직접 말씀해 주시지 않고 우리가 스스로 깨닫도록 기다릴 때가 있습니다. 우리를 많이 가르치시고 책망할때도 있지만 하나님이 하나님과의 교제를 누릴 수 있는 기쁨을 쫙 빼버리기도 합니다. 아예 처음부터 그 맛을 모르면 사람들은 그냥 덤덤하게 삽니다. 그러나 한 번 은혜의 맛은 알고 하나님과의 교통의 맛을 알면, 그것 없이는 살기 어렵습니다. 그러면 우리가 보통 힘든 게 아닙니다. 그러니까 빨리 찾아 하나님과의 관계에 뭐가 걸려 있는지 알아야 합니다. 하나님의 말씀을 보고 자기를 점검해야 됩니다. 그러다보면 틀림없이 걸리는 게 나옵니다. 그럴 때 우리는 그것을 자백해야 됩니다. 자백함으로 속죄제사를 이루는 겁니다.

요한복음 13장 4-10절을 읽어봅시다.

"저녁 잡수시던 자리에서 일어나 겉옷을 벗고 수건을 가져다가 허리에 두르시고 이에 대야에 물을 담아 제자들의 발을 씻기시고 그 두르신 수건으로 씻기기를 시작하여 시몬 베드로에게 이르시니 가로되 주여 주께서 내 발을 씻기시나이까 예수께서 대답하여 가라사대 나의 하는 것을 네가 이제는 알지 못하나 이 후에는 알리라 베드로가 가로되 내 발을 절대로 씻기지 못하시리이다 예수께서 대답하시되 내가 너를 씻기지 아니하면 네가 나와 상관이 없느니라 시몬 베드로가 가로되 주여 내 발 뿐아니라 손과 머리도 씻겨 주옵소서 예수께서 가라사대 이미 목욕한 자는 발 밖에 씻을 필요가 없느니라 온 몸이 깨끗하니라 너희가 깨끗하나 다는 아니니라 하시니"(요 13:4-10).

예수님이 10절에서 말씀하신 '이미 목욕한 자'는 예수님을 영접함으로 선악과의 원죄가 용서함을 받은 사람을 의미합니다. 이미 목욕한 자는 목욕할 필요가 없고, 발만 씻으면 됩니다. 여기서 발만 씻는 것이 자범죄를 용서하는 작업으로 속죄제사와 속건제사를 드리는 겁니다. 어떤 사람들은 사람이 한 번만 회개하면 됐지, 교회에서 왜 자꾸 회개하라고 하는지 모르겠다고 합니다. 이 부분에 대해서 여러분이 잘 알고 있어야 합니다.

요한복음 13장에 주님이 베드로를 씻기실 때, 베드로가 "주여 발만 씻기시지 말고 몸도 씻어주세요"라고 했을 때 주님이 한 번 목욕한 자는 다시 목욕할 필요가 없다고 말씀하셨습니다. 이것이 "번제"입니다. 구원의 제사로서 다시 씻을 필요가 없습니다. 그러나 사람이 원죄를 다스리고 나면 죄를 안 짓습니까? 아닙니다. 계속 짓습니다. 이 시간에 회개할 필요가 있다는 것은 발 씻는 자범죄를 말합니다. 인간은 자범죄에 대해서는 회개하는 속죄제를 통하여 계속 다루어 나가야 합니다. 그러나 목사님들 중에서도 회개하기 싫어하는 사람이 있습니다. '지금 목사가 되어서 무슨 회개를 하라고 하나요?' 그렇다면 오대 제사에서 속죄제가 왜 나옵니까? 열납의 역사가 아직 안 이루어진 사람은 가인같이 회개가 안 된 겁니다. 속죄제는 속건제와 함께 죄를 졌으면 반드시 갚아야 하는 **의무제사**이고, 번제와 소제, 그리고 화목제는 **자원제**입니다.

속죄제의 대상

레위기 4장과 5장을 살펴보면, 속죄제의 대상이 4가지로 구분됩니다. 첫째는 제사장입니다. 이스라엘 백성들에게 제사장의 영향력은 매우 중요합니다. 제사장의 죄가 전염될 수가 있습니다. 제사장은 수송아지 한 마리를 예물로 드립니다. 둘째로 온 회중입니다. 이스라엘 전체가 죄를 지었을 때는 수송아지 한 마리를 제물로 드립니다. 셋째로 족장입니다. 족장은 죄를 지었을 때 숫염소 한 마리를 제물로 드립니다. 넷째로 평민입니다. 평민이 죄를 지을 때는 암염소, 가난한 평민일 경우는 비둘기, 그것보다 더 가난한 자들은 고운 가루를 제사를 드립니다. 자기 형편에 따라서 속죄제물을 드릴 수 있다는 것은 은혜입니다.

먼저, **"제사장의 속죄제"**부터 봅시다. 레위기 4장 3절을 읽어봅시다.

"만일 기름 부음을 받은 제사장이 범죄하여 백성으로 죄얼을 입게 하였으면 그 범한 죄를 인하여 흠 없는 수송아지로 속죄 제물을 삼아 여호와께 드릴찌니"(레 4:3).

제사장의 범죄는 온 백성에게 죄가 미치게 되기에, 하나님은 제사장의 죄에 대해서 가장 먼저 대책을 세우십니다. 또한 제사장들은 다른 사람들의 죄를 속죄하기 위해서 제사를 집도해야 하는 사람이기 때문에 제사장의 죄를 가장 먼저 다루는 겁니다. 자신의 죄가 해결되지 않은 상태에서 다른 사람의 죄를 다룰 수 없기 때문입니다.

우리는 교회의 지도자의 문제가 일어났을 때, 놀라지 말아야 합니다. 히브리서에서도 목회자에 대한 연약함을 말합니다. 히브리서 5장 1-3절을 읽어봅시다.

"대제사장마다 사람 가운데서 취한 자이므로 하나님에게 속한 일에 사람을 위하여 예물과 속죄하는 제사를 드리게 하나니 저가 무식하고 미혹한 자를 능히 용납할 수 있는 것은 자기도 연약에 싸여 있음이니라 이러므로 백성을 위하여 속죄제를 드림과 같이 또한 자기를 위하여 드리는 것이 마땅하니라"(히 5:1-3).

위의 말씀처럼 목사들도 우리와 같은 성정을 가진 인간입니다. 제사장이 범죄하여 드리는 속죄제물은 송아지로서 모든 제사의 제물 중에서 값이 비싸다고 할 수 있습니다. 그만큼 제사장의 죄가 무겁고 크다는 겁니다.

두 번째는 **"온 회중"**입니다. 회중은 이스라엘 전체를 말하는 것으로, 지금 이 시대에서는 교회 공동체를 의미합니다. 지상의 교회는 불완전하기 때문에, 고린도교회처럼 편 가르기 파당을 가르는 교회, 골로새 교회처럼 이단의 위험을 받을 수 있습니다. 그럼으로 우리는 하나님에게 용서를 구하고 서로를 이해하고 용서해야 합니다. 회중의 죄에 대한 제물도 가장 값비싼 수송아지로 드렸습니다. 이것은 제사장의 죄만큼 회중의 죄도 중요하다는 것을 가르쳐 주고 있습니다.

세 번째는 **"족장들"**입니다. 족장은 왕, 한 지파의 지도자나 장로를 말합니다. 하나님의 법을 부지중에 실수나 고의가 아닌 우연히 지은 죄도 속죄제로 드려야 한다고 말하고 있습니다. 잠언 말씀을 보면, "관원이 거짓말을 신청하면 그 하인은 다 악하니라"(잠 29:12)라고 되어 있습니다. 그렇기 때문에 통치를 받는 사람들은 통치하는 사람들을 위해서 끊임없이 기도해줘야 합니다. 우리가 이 나라와 민족을 위해서 기도해야 하는 이유입니다.

네 번째는 **"평민들"**입니다. 평민이 범죄하면, 암염소나 어린양을 속죄 제물로 드립니다. 만약 형편이 어려워서 어린양을 살 돈이 없으면, 산비둘기나 집비둘기로 드립니다. 그런데 그것도 살 돈이 없을 정도로 힘들면 고운 가루로 드리라고 합니다. 하나님이 형편에 따라서 속죄제를 드릴 수 있도록 하신 이유는 전 인류의 죄를 해결하기 위해서는 자기의 형편에 맞게 귀하고 값진 제물이 필요하다는 겁니다. 죄를 속죄하기 위해서는 그 죄의 값을 지불해야 합니다. 아무리 가난해도 죄를 지은 사람은 죄 사함의 기회가 주어져야 합니다. 이것이 바로 하나님의 은혜입니다. 그리고 이처럼 죄를 사하는 것은 인간의 능력이 아니라 하나님의 은혜임을 성경은 길게 속죄제에 대해서 설명하고 있습니다.

모든 사람들은 어떤 분류에 있든지 죄를 지었을 때 속죄제사를 드려야 한다고 성경은 말씀하고 있습니다. 이것은 모든 사람이 모두 죄를 범하고 있다는 것을 가르쳐주고 있습니다. 즉 죄에 대한 문제는 현실적이고 냉정하게 바라보아야 합니다.

속죄제를 드리는 방법

죄를 지은 사람이 속죄제를 드릴 때 어떻게 드려야 하는지 하나님이 알려주셨습니다. 히브리서 10장 19-20절을 읽어봅시다.

"그러므로 형제들아 우리가 예수의 피를 힘입어 성소에 들어갈 담력을 얻었나니 그 길은 우리를 위하여 휘장 가운데로 열어 놓으신 새롭고 산 길이요 휘장은 곧 저의 육체니라"(히 10:19-20).

첫 번째는 회막문 앞으로 제물을 끌고 와야 합니다. 이것은 인간의 죄의 문제는 오직 여호와 하나님만이 죄의 문제를 해결할 수 있다고 가르쳐주는 겁니다. 인간이 스스로 죄의 문제를 해결하려고 발버둥쳐도, 인간을 창조하신 하나님께서 내가 너를 정죄하지 않는다는 하나님의 선언이 없으면 결코 죄에서 자유함은 오지 않습니다. 언제나 인간의 죄의 문제는 하나님 앞에서만 해결이 가능하며, 죄를 해결할 수 있는 것은 예수님의 십자가가 있어야 합니다. 내 죄를 짊어지고 돌아가신 그 거룩한 피, 그 공로에 의해서 우리의 모든 죄가 무죄로 선언됩니다. 우리의 죄의 값을 지불하기 위해서 대속제물이 되기 위해서 예수님은 이 땅에 오셨습니다.

두 번째로, 자신이 끌고 온 제물에 손을 얹고 안수하여 죽였습니다. 안수하는 것은 자기의 손을 제물의 양뿔의 머리에 손을 얹고 힘껏 누르는 행위를 말하는데, 안수하는 의미는 제물과 나를 동일시한다는 겁니다. 나의 죄가 그 짐승에게 넘어가서 동일시되었다면 다음에 하나님의 의가 나에게로 넘어온다는 겁니다. 그래서 내가 죄인에서 의인으로 바뀌지는 겁니다.

세 번째는 제물의 피를 성소에 뿌린다는 것은 제사를 집도하는 제사장이 성소 안에 들어가서 손가락으로 피를 찍어서 성소와 지성소를 구분하는 휘장에 7번 뿌리고, 번향단에 바르고 번제단 밑에 피를 쏟았습니다. 그런 후에 성소로 들어가는데, 그 피가 하나님 앞으로 들어갈 길을 열어주는 겁니다. 아무도 하나님 앞에 설 수 없고 거룩하신 하나님과 교제할 수 없습니다. 이 피가 뿌려졌을 때 사람이 하나님 앞으로 들어갈 수 있는 길이 열린다는 것을 우리에게 가르쳐주는 것이 속죄제 제사입니다.

"예수님의 피"가 하나님과의 교제, 하나님과 대화할 수 있는 길, 하나님에게 나아갈 수 있는 새로운 생명의 길을 열어 놓으셨습니다. 이로 인해서 우리가 다시 하나님의 관계가 회복되었습니다.

피의 제사

히브리서 9장 22절을 읽어봅시다.

"율법을 좇아 거의 모든 물건이 피로써 정결케 되나니 피흘림이 없은즉 사함이 없느니라"(히 9:22).

속죄제에서 가장 중요한 것은 **"피의 제사"**입니다. 소제를 뺀 다른 모든 제사는 피의 제사입니다. 히브리서의 말씀처럼 피로써 정결케 되고, 피 흘림이 없으면 죄사함이 없습니다. 이 피를 두 가지 방법으로 취급하는데, 첫 번째 방법은 제사장이 죄를 지었을 때와 전체 이스라엘이 죄를 지었을 때 속죄제의 피는 회막, 성소 안에 피를 가지고 들어가서 거기에서 휘장에 피를 뿌립니다. 그리고 나머지 피는 번제단 밑에 다 쏟아 버립니다. 중요한 것은 그 피를 성소 안에 가지고 들어간다는 겁니다.

두 번째 방법은 족장과 평민이 죄를 지어서 속죄제를 할 때 이 피를 성소안에 가지고 들어가지 않고, 회막 밖의 뜰에 있는 번제단의 뿔에 피를 바르고 나머지는 번제단에 쏟아 버립니다. 이 속죄제는 앞으로 예수님이 오셔서 예수님 자신이 대제사장이 되어서 자기 자신을 제물로 내어놓고 하나님 앞에 모든 사람의 죄를 사하고 그 피로 모든 사람의 죄를 다 가리고 덮어주고, 이제 하나님에게 올라가시고 다시 오셔서 우리를 하나님 나라로 옮기시는 겁니다. 그리고 예수님과 우리가 다시 왕노릇하는 자리로 인도해

갈 것을 예표, 그림자로 가르쳐준 겁니다. 이것이 바로 속죄제입니다. 이 속죄제는 죄를 처리한 후에 모든 하나님과 관계, 인간과의 관계의 회복을 말씀하고 있습니다. 하나님이 속죄제를 통해 날마다 우리가 손과 발을 깨끗하게 씻어서 정결함을 유지하고 하나님에게 감사함으로 나가서 하나님에게 영광을 돌리는 성도의 삶이 중요하다는 것을 우리에게 가르쳐줍니다.

기도

"하나님, 하나님과의 교제가 끊어지고 하나님과의 관계가 불편해졌을 때 깨닫고 하나님에게 자범죄를 회개하도록 도와주세요. 내가 하나님 앞에서 지은 죄들을 빨리 기억나게 하시고, 빨리 회개해서 하나님과의 관계가 끊어지지 않게 해주세요. 속죄제사에 참여해서 오대 제사의 축복을 누릴 수 있게 해주세요. 예수님의 이름으로 기도하옵나이다. 아멘."

06

/

속건제

레위기 5장 14절 - 6장 7절

14 여호와께서 모세에게 일러 가라사대 15누구든지 여호와의 성물에 대하여 그릇 범과하였거든 여호와께 속건제를 드리되 너의 지정한 가치를 따라 성소의 세겔로 몇 세겔 은에 상당한 흠 없는 수양을 떼 중에서 끌어다가 속건제로 드려서 16성물에 대한 범과를 갚되 그것에 오분 일을 더하여 제사장에게 줄 것이요 제사장은 그 속건제의 수양으로 그를 위하여 속한즉 그가 사함을 얻으리라 17만일 누구든지 여호와의 금령중 하나를 부지중에 범하여도 허물이라 벌을 당할 것이니 18그는 너의 지정한 가치대로 떼 중 흠 없는 수양을 속건 제물로 제사장에게로 가져올 것이요 제사장은 그의 부지중에 그릇 범한 허물을 위하여 속한즉 그가 사함을 얻으리라 19이는 속건제니 그가 실로 여호와 앞에 범과함이니라 1여호와께서 모세에게 일러 가라사대 2누구든지 여호와께 신실치 못하여 범죄하되 곧 남의 물건을 맡거나 전당 잡거나 강도질 하거나 늑봉하고도 사실을 부인하거나 3남의 잃은 물건을 얻고도 사실을

부인하여 거짓 맹세하는 등 사람이 이 모든 일 중에 하나라도 행하여 범죄하면 4이는 죄를 범하였고 죄가 있는 자니 그 빼앗은 것이나 늑봉한 것이나 맡은 것이나 얻은 유실물이나 5무릇 그 거짓 맹세한 물건을 돌려 보내되 곧 그 본물에 오분 일을 더하여 돌려 보낼 것이니 그 죄가 드러나는 날에 그 임자에게 줄 것이요 6그는 또 그 속건제를 여호와께 가져 올찌니 곧 너의 지정한 가치대로 떼 중 흠 없는 수양을 속건 제물을 위하여 제사장에게로 끌어 올 것이요 7제사장은 여호와 앞에서 그를 위하여 속죄한즉 그는 무슨 허물이든지 사함을 얻으리라

우리가 지금까지 "번제", "소제", "화목제", "속죄제"를 살펴봤습니다. 제사마다 참 독특합니다. 첫 번째 제사인 번제는 원죄를 처리함으로 **"구원을 받는 제사"**입니다. 두 번째 제사인 소제는 **"자아파쇄를 하는 제사"**입니다. 세 번째 제사인 화목제는 우리에게 하나님께서 **"관계, 교제의 회복을 주시는 제사"**입니다. 네 번째 제사인 속죄제는 **"우리의 자범죄를 회개하는 제사"**입니다.

이렇게 번제, 소제, 화목제, 속죄제를 보내고, 오대 제사 중 마지막은 **"속건제"**입니다. 특별히 속건제를 잘 해석해야 합니다. 잘못하면 천주교 입장으로 가게 됩니다. 그러니 오대 제사를 아주 잘 알아야 합니다. 다른 모든 제사들은 우리가 주님과 관계를 회개하면 이루어지는 제사들입니다. 그런데 속건제는 하나님에게 회개를 하고 뭔가를 더 해야 하는 제사입니다.

보상의 제사

속건제는 **"보상의 제사"**라고 합니다. 속죄제와 속건제가 다른 것은 딱 하나밖에 없습니다. 바로 배상의 유무입니다. 배상이 없는 것이면 속죄제이고, 배상이 있는 것이면 속건제입니다. 우리가 이 세상에 살다가 남에게 피해를 입힌다 말입니다. 이런저런 이유로 부지중에 자기가 모르는 중에도 피해를 입힐 수가 있습니다. 우리가 피해를 입혔을 때 미안하다고만 하면 안 됩니다. 피해에 합당한 보상을 해야 되는 겁니다. 보상을 하지 않으면, 안 풀리는 겁니다.

레위기 5장 1절과 레위기 6장 1-7절을 읽어봅시다.

"누구든지 증인이 되어 맹세시키는 소리를 듣고도 그 본 일이나 아는 일을 진술치 아니하면 죄가 있나니 그 허물이 그에게로 돌아갈 것이요"(레 5:1).

"여호와께서 모세에게 일러 가라사대 누구든지 여호와께 신실치 못하여 범죄하되 곧 남의 물건을 맡거나 전당 잡거나 강도질 하거나 늑봉하고도 사실을 부인하거나 남의 잃은 물건을 얻고도 사실을 부인하여 거짓 맹세하는 등 사람이 이 모든 일 중에 하나라도 행하여 범죄하면 이는 죄를 범하였고 죄가 있는 자니 그 빼앗은 것이나 늑봉한 것이나 맡은 것이나 얻은 유실물이나 무릇 그 거짓 맹세한 물건을 돌려 보내되 곧 그 본물에 오분 일을 더하여 돌려 보낼 것이니 그 죄가 드러나는 날에 그 임자에게 줄 것이요 그는 또 그 속건제를 여호와께 가져 올 찌니 곧 너의 지정한 가치대로 떼 중 흠 없는 수양을 속건 제물을 위하여 제사장에게로 끌어 올 것이요 제사장은 여호와 앞에서 그를 위하여 속죄한즉 그는 무슨 허물이든지 사함을 얻으리라"(레 6:1-7).

내가 어떤 사람에게 물질적으로 피해를 입혔다면, 돈을 10만 원 정도 피해를 입혔다면, 먼저 하나님에게 회개를 해야 합니다. 그런데 하나님에게 회개를 했다고 그 돈을 안 돌려줘도 됩니까? 아닙니다. 돌려주어야 합니다. 여기까지 보상이 이루어져야 속건제가 이루어진 겁니다. 그런데 지금 우리나라 개신교에서는 너무 은혜를 강조하다보니까, 어떤 짓을 해도 내가 하나님에게 회개했으면 됐다는 심보를 가지고 있습니다. 그런데 성경은 그렇게 말하고 있지 않습니다. 도둑질을 하고 잡혔을 때 그것을 돌려주어야 하는데, 도적질한 금액뿐만 아니라 더 많은 것을 줘야 합니다. 출애굽기 22장 1절을 읽어봅시다.

"사람이 소나 양을 도적질하여 잡거나 팔면 그는 소 하나에 소 다섯으로 갚고 양 하나에 양 넷으로 갚을찌니라"(출 22:1).

성경에 소는 5배, 양은 4배로 갚아야 한다고 했습니다. 삭개오를 봅시다. 삭개오는 예수님을 모시기로 결심하고 "내가 토색한 것이 있다면 4배로 갚겠나이다"라고 말했습니다(눅 19:8). 그러나 안 갚아도 속건제를 이루는 경우가 있는데, 바로 그 당사자에게 양해를 얻어야 합니다.

당사자에게 보상해야 하는 제사

속건제는 대체적으로 물질적인 경우에 일어납니다. 예를 들면, 내가 100억을 고의적으로 사기를 친 것이 아니라 선한 의도로 빌렸는데 부도가 나서 못 갚게 되었다고 합시다. 그러면 내가 하나님 앞에 회개만 하면 됩니까? 안 됩니다. 100억을 분명하게 갚아야 합니다. 그런데 한국 교회는 이것을 안 갚고 다른 교회를 갑니다. 그러나 도저히 나에게 갚을 능력이 안 되면 탕감을 해줘야 합니다. "1억만 갚고, 내가 나머지는 용서해주겠다." 그때 탕감을 통하여 속건제가 이루어집니다. 이렇게 그 당사자 앞에 가서 사함을 받아야 합니다. 그 관계성 앞에 가서 사함을 받아야 합니다. 하나님뿐 아니라 사람에게 사함을 받아야 합니다.

이 속건제는 하나님 앞에만 사함을 받는 것이 아니라 그 사건의 당사자에게 용서를 받아야 이루어지는 겁니다. 목사님 사이에도 마찬가지입니다. 내가 하나님 앞에 회개했다고 그냥 넘어가면 안 됩니다. 그러면 이 속건제가 이루어지지 않습니다. 그리고 그 사람은 일평생 경제적인 문제가 해결되지 않습니다. 절대로 축복의 역사가 일어나지 않습니다. 이 사실을 정확하게 알아야 합니다.

사람이 하나님 앞에 오대 제사를 떠나서는 축복을 받을 생각을 하지 말아야 합니다. 우리는 오대 제사를 통하여 축복을 받는 겁니다. 화목제가 성도와 교제를 하는 것이고, 나눔의 제사입니다. 이건 빌립보서에서 나타난 바울과 빌립보교회와의 관계입니다.

빌립보서 4장 12-15절과 18절을 읽어봅시다.

"사도 바울은 내가 비천에 처할 줄도 알고 풍부에 처할 줄도 알아 모든 일 곧 배부름과 배고픔과 풍부와 궁핍에도 처할 줄 아는 일체의 비결을 배웠노라, 내게 능력 주시는 자 안에서 내가 모든 것을 할 수 있느니라, 그러나 너희가 내 괴로움에 함께 참여하였으니 잘하였도다 빌립보 사람들아 너희도 알거니와 복음의 시초에 내가 마게도냐를 떠날 때에 주고 받는 내 일에 참여한 교회가 너희 외에 아무도 없었느니라"(빌 4:12-15).

"내게는 모든 것이 있고 또 풍부한지라 에바브로디도 편에 너희가 준 것을 받으므로 내가 풍족하니 이는 받으실 만한 향기로운 제물이요 하나님을 기쁘시게 한 것이라"(빌 4:18).

각을 떠 놓고 마태복음부터 모든 사건이 오대 제사로 다 설명이 됩니다. 마태, 마가, 누가복음, 책별로도 오대 제사가 나눠집니다. 전체적인 것은 성경의 모든 사건들, 사람과 사람, 하나님과 사람, 모든 사건들이 오대 제사로 형성되어 있습니다.

여기에서 사도 바울이 빌립보 교인들에게 내가 받은 선교헌금으로 감사하다고 말하면 제사인 줄을 몰랐을 겁니다. 그러나 여기에 향기로운 제물, 선교비를 주고받는 것이 제사라는 것을 알게 되었습니다. 예를 들어, 고린도교회에게 받은 선교비가 향기로운 제물이라고 안 쓰여 있어도 제사입니다. 그러면 어떤 제사에 속할까? 향기로운 제사라고 했습니다. 향기로운 제사는 앞에 있는 번제, 소제, 화목제입니다. 뒤의 두 제사는 아닙니다. 번제는 구원의 제사이기 때문에 아니고, 소제는 자아의 파쇄이기 때문에 아닙니다. 그럼으로 이것은 화목제입니다. 사도 바울이 빌립보 교회에게 선교비를 받은 것은 화목제입니다. 우리가 물질적으로 구제하고 어려운 사람을 돕는 것이 화목제입니다. 이것이 교제의 제사입니다. 여기에 향기로운 향기가 나게 되어 있습니다. 번제와 소제는 영적 축복입니다. 실제로 우리가 관심을 많이 가지는 물질적 축복, 환경적 축복은 화목제입니다. 돈에 인색한 사람은 절대로 축복을 못 받습니다. 우리가 돈에 대해서는 흩어서 구제해야 합니다. 날마다 우리는 화목제물을 하나님에게 올려야 합니다. 성도들에게 날마다 헌금하는 것을 가르쳐야 합니다. 심지 않는 데서 거둘 수 없다는 것을 가르쳐야 합니다. 성도들에게 화목제물의 심는 원리를 잘 가르쳐야 합니다.

요즘은 세상이 이상하게 돌아가서 안티 기독교인, 교회 안에서 교회를 핍박하는 안티 기독교인들이 일어나서 헌금에 대한 부정적인 생각을 심었습니다. 그러나 물질적으로 심는 제사를 드려야 하고, 드릴 수 있도록 가르쳐야 합니다.

빌립보서 4장 19절을 읽어봅시다.

"나의 하나님이 그리스도 예수 안에서 영광 가운데 그 풍성한대로 너희 모든 쓸 것을 채우시리라"(빌 4:19).

우리는 하나님에게 화목제물을 드리지도 않으면서 뒤에 것만 붙잡고 금식하고 기도합니다. 이 성경 구절을 써서 집안에 곳곳에 붙여 둡니다. 나의 하나님이 그리스도 예수 안에서 영광 가운데 그 풍성한 대로 너희 모든 쓸 것을 채우시리라는 믿음으로 말입니다. 이 말씀만 줄줄 외웁니다. 그러나 화목제가 이루어진 후에 이루어지는 말씀입니다. 그냥 주시는 축복이 아닙니다.

속건제의 3대 대상

화목제가 나누고 불쌍한 사람을 도와주는 능동적인 제사라면, 속건제는 수동적이고 의무적인 것입니다. 왜냐하면, 돈을 빌려갔으면 갚아야 합니다. 돈을 떼먹었으면 갚아야 합니다. 피해를 입혔으면 갚아야 합니다. 이것이 안 풀리면 하나님과 안 풀립니다. 사람과 안 풀리면 하나님과도 안 풀립니다. 사람과의 관계가 풀려야 하나님과의 관계가 풀립니다. 하나님과의 관계만 풀고 모든 것이 끝났다고 하면, 속건제사가 안 이루어진 것입니다. 약속을 이행하지 않는 것도 속건제에 들어가는 겁니다. 물질적인 손해만 속건제에 들어가는 것이 아니고 인간관계에서 사람에게 피해를 준 것도 해당됩니다. 약속으로 인해서 일어난 피해, 육체적인 타격을 가한 것에 대해서도 보상을 해야 합니다.

우리는 3대 대상을 향하여 속건제를 이루어야 합니다. 3대 대상은 다른 사람에 대한 죄, 하나님의 성물에 대한 죄, 성물인 나 자신에 대한 죄입니다.

첫 번째, 다른 사람에 대한 죄입니다. 고의로 했든 부지중으로 했든, 다른 사람의 돈이나 물건을 도둑질한 죄, 마음을 상하게 한 죄, 신체적으로 가격한 죄 등에 대해 하나님 앞에 회개하고 당사자에게 용서를 구하고 배상해야 합니다. 사람들은 대개 자신의 소유물은 소중히 여기면서 다른 사람의 소유물은 함부로 여길 때가 많습니다.

다른 사람에 대한 죄는 2가지로 나뉘는데, 이웃의 물건과 이웃의 마음에 대한 배상입니다. 예를 들어, 시골에서 농사를 짓다가 자기 소를 관리 못해서 남의 밭에 들어가서 배추를 다 망쳐 놓으면, "소가 그럴 수도 있지요"라고 말하고 그냥 끝내면 안 됩니다. 배추 값을 물어내고 속건제를 드려야 합니다. 보상 받은 사람이 죽었다면 돌아가신 분의 상속권을 가질 사람에게 보상을 해야 합니다.

속건제가 이루어지지 않는 상태, 사람과 정리되지 않는 상태는 안 됩니다. 목회자 경우에도 특별히 갚음, 보상의 제사가 걸린 사람이 너무 많기 때문에 그래서 목회도 안 피는 겁니다. 형통하지 않는 겁니다. 양심이 불량해서, 이런 영적인 것을 모르기 때문에 예수 믿으면 다 된다고 생각하지만 안 됩니다.

신약의 화목제를 대표하는 빌레몬서에서 사도 바울이 오네시모를 보낸 것을 봅시다. 사도 바울은 오네시모를 빌레몬에게 돌려 보내서 빌레몬에게 허락을 받게 합니다. "괜찮아, 너 오늘 나와 여기서 주님을 영접하고 성경공부도 하고 방언도 받았으니 빌레몬은 내가 전화 한통 해줄게." 이렇게 하지 않았습니다. 오네시모가 직접 당사자인 빌레몬에게 가서 굴복할 수 있도록 보낸 겁니다. 오네시모를 빌레몬에게 가서 속건제를 드리라고 한 겁니다. 빌레몬에게 탕감을 받게 한 겁니다. 우리가 이것을 철저하게 하고 교회 성도들에게도 잘 가르쳐야 합니다.

우리는 유대인들의 유명한 속담을 기억해야 합니다. '밥을 살 때는 부자처럼, 얻어먹을 때는 거지처럼.' 다른 사람의 소유물을 나의 것처럼 소중히 여길 때, 우리는 속건제에 승리할 수 있습니다.

두 번째, 하나님의 성물에 대한 죄입니다. 하나님의 거룩한 물건 곧 성물은 여러 가지가 있습니다. 교회의 건물과 각종 물건, 교회의 직분자, 그리고 교회의 헌금 등이 있습니다. 이 중에서 사람들이 가장 많이 범하는 하나님의 성물이 십일조 헌금입니다. 성경은 십일조는 분명히 하나님의 소유물이라고 말하고 있습니다.

말라기 3장 8-10절을 읽어봅시다.

"사람이 어찌 하나님의 것을 도적질하겠느냐 그러나 너희는 나의 것을 도적질하고도 말하기를 우리가 어떻게 주의 것을 도적질하였나이까 하도다 이는 곧 십일조와 헌물이라 너희 곧 온 나라가 나의 것을 도적질하였으므로 너희가 저주를 받았느니라 만군의 여호와가 이르노라 너희의 온전한 십일조를 창고에 들여 나의 집에 양식이 있게 하고 그것으로 나를 시험하여 내가 하늘 문을 열고 너희에게 복을 쌓을 곳이 없도록 붓지 아니하나 보라"(말 3:8-10).

말라기에서는 십일조가 하나님의 것이라고 말합니다. 십일조를 드려야 하는지 드리지 말아야 하는지 고민하는 사람들이 있는데, 십일조가 쉬운 게 아니라는 걸 압니다. 하지만, 십일조는 우리의 것이 아니라 하나님의 겁니다. 그래서 십일조를 하지 않은 사람은 하나님의 것을 빼앗은 것과 같습니다. 하나님에게 십일조를 드리지 않는 것은 나의 모든 소유뿐만 아니라 나의 생명까지도 하나님이 주신 것이라고 인정하지 않는 죄입니다. 하나님은 이를 가리켜 도둑질이라고 말씀하십니다(말 3:8). 설령 십일조를 드린다고 해도, 온전히 드리지 않는 것도 죄입니다. 십일조를 드리지 못한 사람들은 저마다 이유가 있습니다. 하지만 그 속을 들여다보면 근본적인 이유가 있습니다. 바로 나의 모든 소유, 내 생명까지도 하나님께서 주신 것임을 인정하지 못하기 때문입니다. 하나님의 것은 하나님에게 드릴 때 우리의 삶은 더 풍요로워집니다.

십일조의 근원이 아브라함입니다. 아브라함이 시작한 이유도 누군가 강요해서 한 것이 아닙니다. 조카인 롯을 구하기 위해서 소돔과 고모라로 가서 적들과 싸워야 했습니다. 이길 수 없는 전투였는데, 하나님이 기적과 같이 이길 수 있게 해주셨습니다. 전투에서 이긴 아브라함이 하님님이 나의 전부, 나의 생명까지도 주신 것이구나 하는 마음으로 10분의 1을 드립니다. 전부 하나님의 것인데, 극히 적은 것, 10분의 1만 하나님께서 요구를 하신다는 겁니다. 그래서 우리가 십일조를 드릴 때에 나의 모든 소유, 나의 생명까지도 주시는 주님의 은혜를 인정하고 감사의 마음을 담아 10분의 1을 드리는 겁니다. 십일조가 바로 서야 하나님이 더 많은 축복을 주십니다. 여러분이 십일조만 제대로 한다면, 여러분은 물질적인 걱정 없이 살 수 있습니다.

세계 제일의 거부였던 미국의 록펠러가 있습니다. 록펠러는 영국에서 태어났는데, 아버지는 일찍 병들어 죽고, 엄마 밑에서 신앙을 배웠습니다. 엄마도 병이 들어 일찍 죽었는데, 임종 때 록펠러에게 전한 10가지 유언이 유명합니다. 첫 번째, 하나님을 친아버지로 섬겨라. 두 번째, 목사님을 하나님 다음으로 섬겨라. 세 번째, 오른쪽 주머니에는 항상 십일조를 준비해 두라. 네 번째, 원수를 만들지 말라. 다섯 번째, 예배를 드릴 때 항상 앞자리에 앉아서 드려라. 여섯 번째, 항상 아침에는 그 날의 목표를 세우고 하나님에게 기도하라. 일곱 번째, 잠자리에 들기 전에는 반드시 하루를 반성하고 기도를 드려라. 여덟 번째, 남을 도울 수 있으면 힘껏 도우라. 아홉 번째, 주일날 예배는 꼭 본 교회에서 드려라. 마지막 열 번째, 아침에는 제일 먼저 말씀을 읽어라.

록펠러는 엄마가 죽은 이후에 엄마의 유언을 그대로 실천했습니다. 하나님을 친아버지처럼 섬기고, 목사님을 하나님 다음으로 섬겼습니다. 그리고 십일조를 철저히 했습니다. 부모가 다 죽으니, 자연스럽게 고아가 된 록펠러는 노동판에 가서 일을 했습니다. 가서 돈을 벌었는데, 십일조를 드렸습니다. 나중에 억만장자가 된 이후에도 십일조를 드렸습니다. 돈을 너무 많이 버니까, 혼자서 감당이 되지 않아서 십일조만 전담하는 부서에 40명을 고용할 정도로 하나님의 것을 하나님에게 드리는 일에 힘썼습니다. 이러니까 하나님께서 물질의 통로를 열어주는 겁니다. 이것을 믿으시고 꼭 순종하시길 바랍니다.

마지막 세 번째, 성물인 나 자신에 대한 죄입니다. 출애굽기 19장 5-6절을 읽어봅시다.

"세계가 다 내게 속하였나니 너희가 내 말을 잘 듣고 내 언약을 지키면 너희는 열국 중에서 내 소유가 되겠고 너희가 내게 대하여 제사장 나라가 되며 거룩한 백성이 되리라 너는 이 말을 이스라엘 자손에게 고할찌니라"(출 19:5-6).

우리는 우리 자신의 것이 아니라, 하나님의 거룩한 소유입니다. 그리고 성전이고, 성물입니다. 고린도전서 3장 16절을 읽어봅시다.

"너희가 하나님의 성전인 것과 하나님의 성령이 너희 안에 거하시는 것을 알지 못하느뇨"(고전 3:16).

그래서 우리 자신에 대하여 지은 모든 육체적, 정신적, 영적 죄에 대해서 우리는 하나님 앞에 회개해야 합니다. 그리고 매일같이 하나님에게 우리 자신을 거룩한 속건제로 드려야 합니다.

직접 내가 해결해야 하는 행위의 제사

우리는 하나님이 주신 은혜를 왜곡시키면 안 됩니다. 하나님이 베푸신 은혜의 세상에 취해서 보상해야 할 속건제가 무너져서는 안 됩니다. 직접 해결해야 하는 행위의 제사입니다. 우리가 오대 제사와의 관계를 제대로 맺지 못하면, 사단의 참소 안으로 들어갑니다. 제사 관계가 무너진 영역은 마귀, 어둠의 영역이 됩니다. 사단의 참소, 사단이 우리를 침투하고 소유권을 주장합니다.

속건제가 무너져 있으면, 사단이 천국권을 가집니다. "하나님, 저것 나에게 넘겨주세요." 사탄이 이렇게 이야기합니다. 이런 모습이 사사기에 그대로 나타나 있습니다. 하나님이 이방 민족인 블레셋, 미디안에게 이스라엘을 넘겨줍니다. 사단에게 천국권을 넘겨줘야 합니다. 하나님이 사단이 무서워서 넘겨주는 것이 아니라 하나님의 공의 원리에 따라서 넘겨줄 수밖에 없는 겁니다.

속건제는 물질의 세계와 관계가 있습니다. 그래서 속건제가 이루어진 사람은 하나님이 물질의 축복을 부어주십니다. 반면에, 속건제가 이루어지지 않은 사람은 경제적인 면에서 절대 축복이 일어나지 않습니다. 사람은 오대 제사를 떠나서는 축복을 받을 수가 없습니다. 제사와의 관계가 무너진 곳에는 사단이 우리를 침투하고 그 무너진 곳만큼은 사단의 소유권 아래 들어갑니다. 번제가 무너진 사람은 구원받지 못한 것 때문에 사단의 참소를 받습니다.

우리는 오대 제사를 십자가 앞에서 늘 붙잡고 있어야 합니다. **"사단의 참소를 이기자."** 만약에 번제를 안 드리면, 구원받지 않는 것은 사단의 밥입니다. 사단의 영역에 들어갑니다. 만약에 자아가 안 깨지면, 날마다 사단이 들락날락합니다. 사단의 장난감이 됩니다. 구원은 받았지만, 자아가 안 깨져 마귀의 장난감이 되는 겁니다. 화목제를 생활화하지 않으면, 사단이 침투합니다. 돈 많은 사람이 구제하지도 나누지도 않으면, 사단이 천국권을 가집니다. "하나님, 저 사람은 하나님이 저렇게 복을 많이 주셨는데 자기 처자식밖에 몰라요." 사단이 참소합니다. 의로운 욥도 잘했는데도 사단이 천국권을 가졌습니다. "하나님, 욥을 나에게 한 번 넘겨주세요." 이렇게 이야기하고 욥을 시험합니다. 속죄제, 우리가 그날의 죄를 그 날에 회개하는 습관을 갖지 않으면, 사단이 틈을 타서 우리를 무너트리려고 합니다. 회개는 빠를수록 좋습니다. 속건제도 마찬가지입니다. 사단이 천국권을 가질 수 있습니다. 이렇게 마귀가 넘겨 달라고 하기 때문에 그 부분만큼은 사단에게 고통을 당하게 됩니다.

이렇게 하여 오대 제사를 우리가 상고했습니다. 우리 한국 교회가 십자가의 오대 제사 위에 바로 세워지기를 바랍니다. 우리 한국 교회가 오대 제사를 등한시 하고 있었기에 사실 교회가 영적인 힘을 잃고 있습니다. 그러나 오대 제사를 다시 세우면, 한국 교회가 힘을 얻고 능력을 얻고 축복을 받을 겁니다. 하나님에게 더 크게 쓰임을 받게 될 겁니다. 청교도의 보화 같은 말씀을 다 퍼트려서 한국 교회에 속한 모든 심령들이 변화를 받을 겁니다.

기도

"하나님 아버지, 내가 속건제사에 산 제물이 되게 해주세요. 그동안 내 삶에 씻지 못했던 죄를 회개하고, 보상의 제사를 드림으로 온전한 속건제사를 드리게 해주세요. 내가 속건제사를 드림으로 기뻐하며 펄펄 뛰며, 주님이 주신 은총이 내게 임하게 해주세요. 예수님의 이름으로 기도하옵나이다. 아멘."

전광훈 목사 설교 시리즈 Light 02

오대 제사

초판 발행 2024년 11월 11일

지은이 전광훈
펴낸곳 주식회사 뉴퓨리턴

주소 서울특별시 성북구 장위로 40다길 19, 1층 106호(장위동)
대표전화 070-7432-6248
팩스 02-6280-6314
출판등록 제25100-2023-043호
이메일 info@newpuritan.kr

ISBN 979-11-989751-0-2(03230)